科学思考

百人百様を一様にまとめるマジック

荒木弘文 著

社会評論社

*目次

第2章

続・思考の順序 ―頭の体操―

はじめに

「人間は問題を引き起こす葦」である。しかしまた、「人間は問題を解決しようとする葦」でもある。両者は、「相反する葦、相矛盾する葦」である。世界には、この二種類の葦・人間がいるのである。はじめから問題を起こさず、したがって問題解決の必要もないという、そういう「考え方」はないものだろうか。あるいは、いくら問題を引き起こしたとしても、もしもたちどころに「問題解決」ができるという「考え方」があれば、万人は大変に気分がよいことであろう。

そこでこの本は、スッキリとした、「大変に気分がよい」という問題解決ができることを目指して、あれこれと考えて見た結果、ようやくたどり着いた「考え方」なのだ、ということである。たとえば個人間の、社会的集団間の、あるいは国家間の対立問題（最悪なら戦争）等々を「解決」する場合には、この本の「考え方」をすれば解決できるのだという結論にたどり着いたのである。そういうわけでこの本は、「問題解決」のための「考え方」の本だ、ということである。特に一言付加すれば、「究極の総論思考」（百人百様を一様に「まとめる」思考）だということである（各論は、各自で考えていただくことにしよう）。いいかえれば、個別問題思考をすべて含み込んだ「全体知思考」＝究極の総論だということである。この究極の総論の「考え方」をただ一言をもってすれば、

「**いちばんよい考え方**」をすればよいのですよ

ということである。これが万人において理解されたなら、この本の役目は終わりである。

しかしながら、「いちばんよい考え方とは何ですか」と聞かれることであろう（私のホンネなら、疑問を持っても質問はしないで、まず自分で考えて、自分なりの結論を出して見てくださいよ、といいたいのだが）。そこで本文ではこの疑義を予測して、その説明を詳しく見ておいたのである。結論をあらかじめいってしまえば、

いちばんよい考え方＝「**科学**」という考え方ですよ

ということである。だからこの本は、「科学」という考え方について「定義」をしたり、説明をすることになる。多くの人は、科学という言葉を聞いただけで、「おれには関係がない」と思うことであろう。これを、「科学音痴」といっておこう（科学音痴は、当人の責任というよりは、文部科学省の責任だが）。

本文では、小学生でも科学思考ができることを、簡単な事例で説明しておいた。それさえわかってしまえば、小学生のうちに科学音痴は「解決」するのである。科学音痴の人は、生まれてから今日まで、科学思考の「手ほどき」を受けるチャンスには恵まれなかったという、「運の悪い人」なのだということである。

ひとたび科学という考え方がわかってくると、「なんだ、それだけのことですか」ということで、気が抜けてしまうかも知れない。何ごともわかってしまえば、簡単なことなのである。「知らない、わからない」ことが、人間としては最大の罪であり、問題点なのである。古代ギリシャの「汝自身を知れ」、ソクラテスの「無知は罪である」以来の、二千年以上もの、未解決の問題点を解くことにな

るのである。

私は、科学的思考は「万人」が身に着けなければならない事柄だと、主張しているのである。科学者とか専門家になることを目指している人だけが「科学的思考」をすればよいのだという考え方には、反対をしているのである。

その理由は、次のようである。すなわち、万人の頭の中には、生まれながらに＝進化論上自然発生的に、「脳ミソが備わってしまったからだ」ということなのである。問題を起こしたり、問題を抱えるのは、あなたの「脳ミソのしわざ」なのである。また、その問題を解決するのも、あなたの「脳ミソのしわざ」なのである。つまり科学的思考をしなければならないのは、あなたの「脳ミソのしわざ」なのである。結論は、あなたが自分の「脳ミソ」の磨き方一つで、万事が解決するのである。「自分の脳を磨く」という点では、つまるところは万事が「自己責任」なのである。他人のせいにしてはいけない、となる。

脳ミソは、万人の頭の中に、例外なく、平等に備わっているのである。あなたは自殺しないかぎりは、いいかえれば生きているかぎりは、あなたの意思に関係なく、あなたの脳ミソが、①勝手に（自然に）働いてしまうという点があるのである。そういうわけで、自分の脳ミソが「くせ者」なんだという点を、最初に、しっかりと「自覚」しなければならない事項となるのである。次には、②自分の「意思、意識」によって、自然の脳ミソの働き方を人為的に工夫・コントロールして、「いちばんよい考え方」にまで到達させるのである。

私は、科学的思考が「いちばんよい考え方」であり、それよりもよい考え方はないと、主張しているのである（「いちばんよい」＝ベストなのだ）。

そういうわけで、大げさに言えば、私は「万人」に向けて、「いちばんよい考え方」を口説いておきたいと思うわけである（「万人」というのだから、世界中の人々にも当てはまるのだ！）。

最近では、大学なのに大学らしくないとか、学生なのに学生らしくないといわれて、評価を落としている（安倍政権時代には、いろいろと悪しき大学が問題になった記憶は新しい）。大学側も学生も、あらためて評価を上げるべきときに来ているのである。

テレビニュースでは、日本人の科学志向性は、中国、韓国と比べても遅れをとったと報道されている。すべての日本人の科学思考は、「待ったなし」なのである。

著者

第1章

科学の考え方には「思考の順序」がある

「全体知の思考」の見取り図

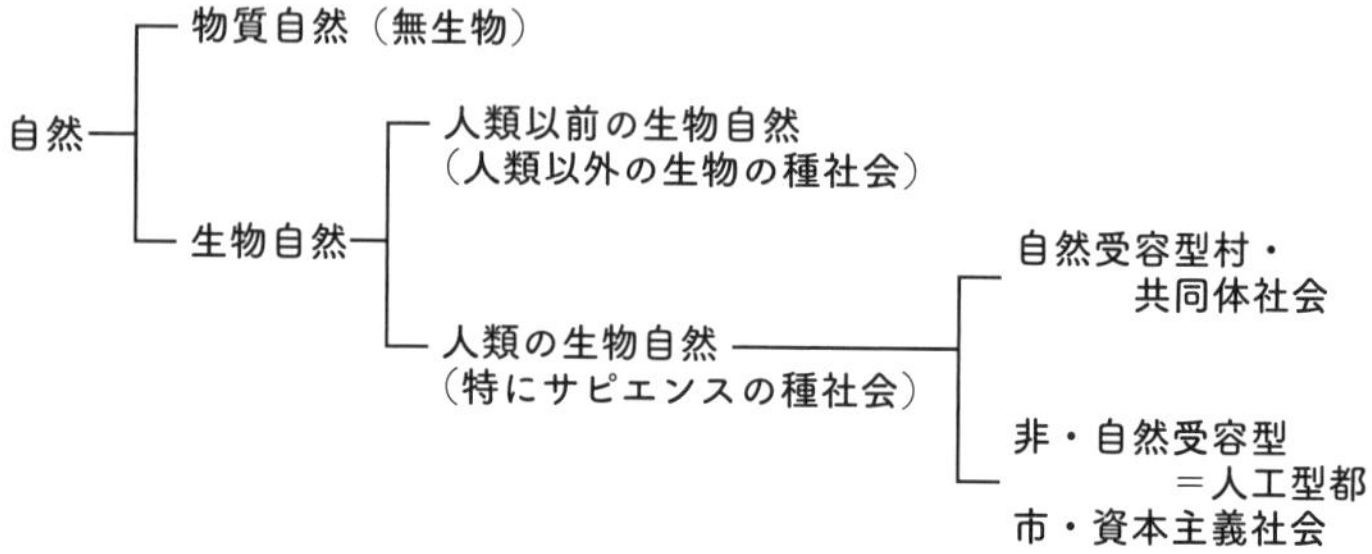

＊２次元思考と３次元思考との相互移行の関係

上記見取り図の「右への動き」が２次元化、「左への動き」が３次元化

＊次元化の意味

２次元化＝分析、分類する（違い、差異を見分ける）

３次元化＝統一、止揚、総合する（同じ点、共通点を見つける、まとめる）

人類の図

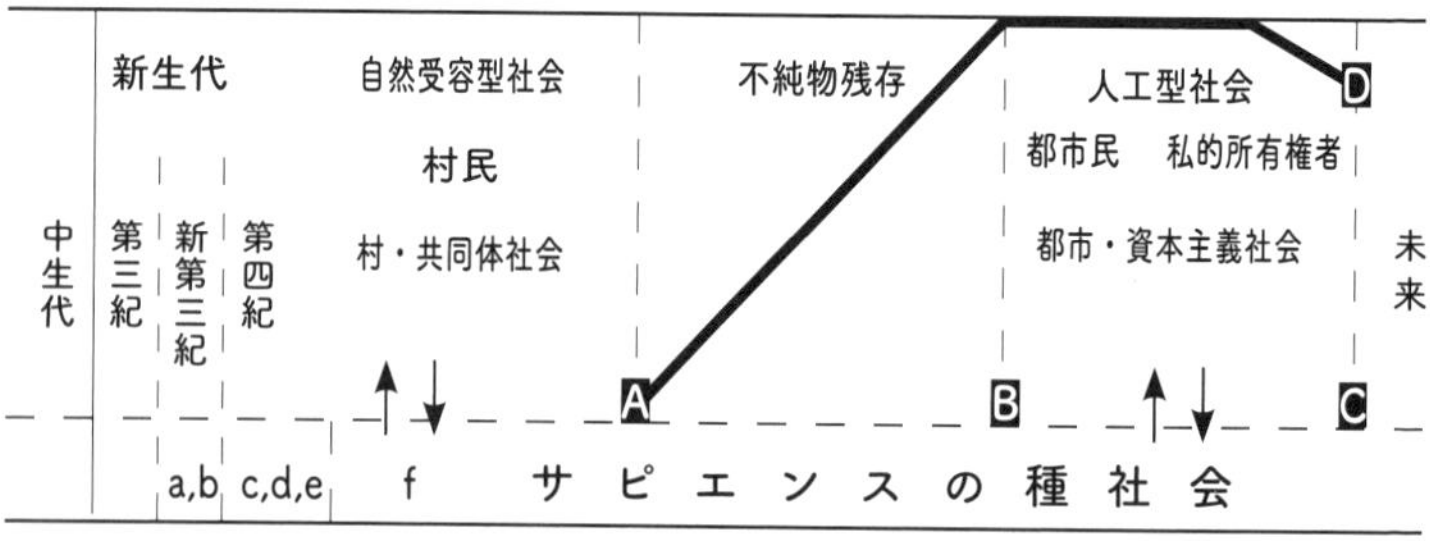

a：アウストラロピテクス
b：ホモ・エレクトス
c：ホモ・ハビリス
d：ホモ・フローレンシス
e：ホモ・ネアンデルターレンシス
f：ホモ・サピエンス

A：古代ギリシャ出現
B：産業革命
C：現在
D：下降
⇅：出入り自由

第一の思考の順序

＊万人は例外なく「考える」という点からスタートする

今さらの話ではあるが、なおも、次の二人を取り上げて見る価値がある。たとえばパスカルである（一六二三～一六六二年。フランスの物理学者）。彼は、「人間は考える葦である」といって有名になった。もう一人は、デカルトである（一五九六～一六五〇年。フランスの哲学者）。彼もまた同じように、「われ思う、ゆえに、われ在り」といったことが有名である。デカルトは、「思う」を前に置き、「在り」を後においている。「思う」＝「考える」という点を優先しているのであろう（この優先思考を、マルクスなどは批判するのだ）。

もしも人間に「考える」ことがゼロであったならば、万事は「無知の世界」であろう。「ゼロ」という意味は、ミミズと同じように、人間の頭の中に「脳ミソがない」場合を想定しているのである（「脳」については後述）。「無知の世界」というのは、「何一つ」としてわからない（認識できない）＝「絶対的無知」のことである。哺乳類、鳥類では、何ほどかでも大脳があるから、絶対的無知はないだろう。サル知恵といわれることがある。

「思考ゼロ」では、現実に自分の身体が「ここに在る（存在する）」という知識もわからないし、自分と同じ人間がそこにいるという知識もわからないし、地球や太陽の知識もわからないのである。考えなければ、太陽が、あるいは地球が、あるとも、ないとも、そんなことはわからないのである。

そういうことで、デカルトのいうように「思う」（考える）が「前に来る」（優先される）点は理解ができる。ただし、脳が自分の頭の中に、生まれながらに自然必然的に「存在」している＝備わっているのだから、「存在」が「前に」来てもよいのである。すなわち、

われに脳在り、ゆえに、われ思う（脳―思考）

でもよいのである。そもそも脳が無ければ、「思う」こと＝「考える」こと自体がないからである。この点では、注意が必要である。それは「思う」が「認識」の話であり、「在り」は「存在」の話であり、どちらが先か後かの問題ではないのである（「考える」を前に置くデカルトも、「存在を前に置く」マルクスも、どちらも一面的であるから、支持しえないのだが）。認識論と存在論は同位次元（同時存在）で両立する話だと見るべきであろう。存在論と認識論とは、「統一」しているのである（それには後述の「人間―脳―思考」の構図を参照してほしい）。

以上のように、まず最初には、「考える葦」は「昔の話」ではなく、あらためてパスカルの「考える」という概念を「見直して見る価値はある」ということである。

人間の日常会話、すべての議論は、考えてわかった知識の範囲以内のことだけなのである。「わからない」（知識のない）ことを話している人は、世界を見渡しても一人もいないのである。小学生に質問すると「わかりません」と答える場合がある。それは、その質問に対する解答が、たまたまわからなかったということである。これを「相対的無知」という。何一つとしてわからない＝「絶対的無知」ではないのである。相対的無知なのだから、質問以外のことについては、小学生とはいえ、いろ

んなことはわかっているのである。これは、大人でも同じであろう。そういうわけで、私は、「考える葦」とか、「われ思う」という点は、「条件づき」ではあるが、批判をする前に、まずは肯定しているのである。「考える」葦と「思う」は、同じ意味であろう。

「考える葦だ」という言明を見ると、そこには、考える主体である人間の、その「人間とは何か」という問題と、「考えるとはどういうことか」という問題（脳論）との二点が、差し当たりよくはわからないとしても、しかし、核心の課題（テーマ）として潜在しているのである。差し当たりよくはわからないと「気がついた＝自覚した」から、考える＝調べることになる。テーマとして掲げることにもなるのである。人間のことがあれこれと「わからない」のであれば、人々の「会話」は成り立たないのである。

だれでもが（万人が）、もし仮に「お前は何一つ考えるな」といわれた場合、口先では「はい」と答えたところで、頭の中＝脳では必ず何らかのことを考えてしまうものだという、自然の「事実」があるのである。この「事実」の要点は、脳が「自然物」だということである。太陽が人間の意思に関係なく「自然物」として存在しているように、脳もまた意思に関係なく「自然物」として頭の中に備わっているのである。これを自然だ、自然発生だといっているのである。そういう意味で、意思に関係なく、自然物としての脳は考えてしまうのだ、ということである。

脳が考える＝脳の機能は、だから、脳＝自然物の反応＝自然現象なのである。そもそも自分の「身体全体」が、自分の意思に関係なく、「自然にできたオートメーション機器」なのである（ハエやカが自在に飛行するのも、自然にできたオートメーション機器である）。オートメーションだから、五官は自動的に情報源を入力してしまうし（ウナギ屋からいい匂い〈情報源〉が流れてくれば、意思に関係なく、嗅覚は匂いを入力してしまうし）、入力すると脳は自動的に働く＝考える＝情報処理をするのである（①意思に関係なく、脳はおいしそうだ！と認識する。次に②それなら「食べて見よう」という「意思」が働いて、店に入るのだ）。この辺から、「人間機械論」＝人間は機械ではないのか、という思想が出てくるのである（「一番目」には五官や脳が自然に働くという事実が生じること、意思が働くのは「事実」を踏まえた後のことで、「二番目」のことなのだ。この「順序」を忘れずに）。

たとえば、意思や意識が「見たくない」と思っても、「目を開けているかぎり」は、意思とは関係なく、目（一般には五官）はものごとを見てしまうのである。意思が「見たくない」というのであれば、さしあたりは意識して、「目を閉じる」しかない。目を閉じて情報源の入力を拒むのも、一時的なものである。自然物としての身体は、「生き延びるため」に感覚器や脳が、つまり身体全体が、自然に、自動的に働くようにできているのである（呼吸するのも、心臓が動くのも、生き延びるために自動的に働くのだ）。だから意思・意識により、脳の自然の働きを否定したければ、死ぬこと＝自殺＝身体を消すこと以外には方法はないのである。特別のことがなければ、そんなバカなことはしないのである。

禅宗の達磨さんが「無」の境地を求めて修行したが、それは不可能なのである。「無」を求めるのなら、さっさと死んだ方がよいのである。死こそが「無」＝「思考ゼロ」なのだからである。達磨さんは、自分の自然の「脳のしわざ」を知らなかったのである。「心頭を滅却すれば、火もまた涼し」

という話は、いかにバカげているかを物語っているのである。心頭を滅却したら「死んでしまう」のであり、死ねば「涼しい」も「熱い」もないのである。

「絶対的」という言葉を使うとしたら、「生きている限り」は「絶対的に考える」ということである（通常は、「絶対的」とは言わないで、「自然・必然的」という）。だから、「死ぬこと＝自殺」以外では「思考の自然性は否定できない」といったのである。そもそも自分や他人の、あるいはものごとの「自然状態」を無くする＝否定することは、人間にはできないのである。人間がものごとを否定できるのは、「人間が意図的に作り出したもの、こと」の範囲以内の場合に限られるのである。自分で作ったものならば、自分で壊すこともできるのである。自然にできた太陽を無くすることは、不可能なのである。もしも自然を否定する人がいれば、それは単にひとりよがりであり、禅宗のように否定したと「思い込んでいる」だけのことなのである。

だからまずは、「自然を肯定すること」から出発しなければならないのである。「全体知の見取り図」の最左辺の「自然」概念をまず認めることである。パスカルのいう「考える葦なんだ」という知識は、ものごとを考える場合の「大前提」だ、正しくは「自然現象だ」としなければならないのである（パスカルは、自然現象だとは知らなかったことであろうが）。人間問題を考える「前提」には、「自然問題」があるのだということである。「自然」概念は「全体知の見取り図」の左側にあり、「人間」問題は見取り図の右側にあることに注視せよ。左側の概念が前提になる。この自然という前提を否定するならば、当然に＝論理必然的に、右側の「人間、社会の存在を否定する」ことになるのである。人間の存在を否定したら、「一切の思考問題は存在しない」ことになる。自殺したと同じことになる。死ねば一切の問題は無くなる。そこで、万人は例外なく「考える」ことは「自然」なのだ、という点からスタートしなければならないのである。

万人は、「私も例外なく考える人間の中の一人なんだ」と、無条件的に自覚しなければならないのである（自覚＝「そういうことか」と気がつくこと）。自分（万人）の思考、行動のすべては、この「自覚」（気がつくこと）から始まるのである。気がつくことにより、①自分の脳の「自然的現象」を認識し、②意思＝自然次元を超えた「人為的活動」（意図的に考える活動）もまた開始するのである。そのように人間の脳には、自然面と、人為面との二面性があるのである。

学校教育なら第一には、小学生のうちに「考える」、「自覚する、気がつく」ことを身に着けさせることである。これまでの学校教育では、高校生までは「おぼえる」ことばかりを身に着けさせ、「考える」、「気づかせる」ことをその後に開始するのでは、もう年齢的に間に合わないのである。大学生になったからおぼえるだけではなく、今度は「考えろ」といわれても、もう間に合わないのである。

「思考脳」は三歳から開始するといわれており、三歳から「いちばんよい考え方」を積み上げ、習慣にすることが大事なのである。このようにして、小学校入学を待つのが「よいこと」なのである。

現在では、「おぼえる」ことの一点張りで、「考える」という「自覚がない」大学生が確実に増加しているのである。これを、大学生の思考力の低レベル化、知性・インテリジェンスの停滞化現象というのである（この点で、中国や韓国に後れを取ったといわれるのである）。停滞化現象は、明治時代からの文部科学省の教育政策（追いつけ追い越せ、おぼえろ、おぼえろ！）をそのまま実行してきたら、現在では「遅れ」という結果になったのである（世界は変動しているのだ。戦後の教育は、「考える、気づかせる」からスタートしていればよかったのだ）。科学思考の停滞化のおおもとは、文部科学省の考え方にあったのである。文科省の公務員たちは、「いちばんよい考え方」を考えるという思考能力を持ち合わせてはいなかったのである。

現在の多くの大学は、「就職予備校」のようになってしまった。というのも、もう平成時代には学生はすっかり、大学は就職のための「一里塚・通過点だ」として、進学してくるようになったのである（学生たちには、大学も予備校も、同じように見られているのだ）。就職さえ実現したら「はい、大学よ、さようなら」となる。大学とは、縁が切れるのである。昭和時代の卒業生なら、就職後も、必要とあれば大学に立ち寄って、教授と理論交換をしたりしていたのである。大学とはなおも、縁がつながっていたのである。今ではそんなことは、昔物語である。

学生が大学を通過点としているし、だから大学も就職予備校化した。全員を就職させることが目的になっている。就職率が悪いと、次年度からは受験者が集まらなくなるからである。学生は就職の出題問題を予測するために、問題集を購入しておぼえるのである（教科書があっても、購入しない傾向がある）。その他の書籍はもう見たがらないのである。思考力を磨くような授業をすれば、多くの学生は受講を避けるのである。

そこで関係者の中には、「大学院大学」＝本ものの「科学思考をする大学」が必要だという点に、ようやく気がついたのである。しかし、大学院大学へと進学してくる思考力旺盛な進学者は、もうすでに、ほとんどいないのである。現実の進学者は、学生のときには国家試験や就職試験には不合格だったから、予備校のつもりで進学するような類《たぐい》のものが多いのである。だから大学院大学は、早くも衰退に向かっているし、進学者がいないために大学院大学を取りやめた大学も出てきているのである。

現在では、大学の根本的な「存在理由」が問われる時代に入ったのである（世界観が変わってきたのだ）。これまでの大学教育は「賞味期限」が切れ、未来性がなくなっているのである。大学の存在理由は、「本もの」の科学思考＝「いちばんよい考え方」をすることである。

ところで、大脳では、「考える」脳部位＝前頭葉、前頭連合野と、「認識、判断、覚える」脳部位＝側頭葉・記憶脳部位とは、別々の部位になっている。脳は分業をしている。思考部位と記憶部位とが別々に機能しているのだから、「おぼえる」という側頭葉をいくら鍛えても、前頭葉（思考脳）はほとんど磨かれないのである（頭はよくはならない）。脳部位は分業をしいるのだが、大脳新皮質の全体としてはまた、各部位が相互に連携もしているのである。側頭葉で認識し記憶したことは、前頭葉、前頭連合野（思考脳）でその「良し悪し」を考えたり、吟味して、「いちばんよい考え」を引き出すのである。しかし多くの人は（大学生も）、この脳機能の相互の関連活用を、怠っているのである。それは、脳論を知らないからである。

この思考脳は、「三つ子の魂、百までも」といわれるように、三歳ころから開始されるのである。

だから小学生にはいち早く「考える」、「気づかせる」授業から開始した方がよいのである。このような小学生が大学に進学する年齢になれば、大学も、大学院大学も繁栄することになるだろう。

そのためには体験教育がよいのである。教科書や図鑑をおぼえる教育（側頭葉、記憶脳部位中心の教育＝詰め込み教育、刷り込み教育）はやめた方がよいのである。またどのくらいおぼえたかをテストすることも、やめたほうがよい。いいかえれば、教師が教科書や図鑑、指導要領がなければ授業ができないという、従来の文科省方式は「排除する」という教育制度を、新規に確立したらよいのである。パソコンを使うのも、教科書を見て覚えるのと同じことである。パソコンでいくらカマキリのようすを詳しく覚えても、鎌に挟まれて「痛い！」という実感は体験できないのである。

ここで一つ「まとめ」をすれば、「人間」と「考える」とは二つの概念でありながら、この二つは直結しているのである（統一している）。図示すると、

「人間＝考える」（「われ＝思う」）

となる。そういうわけで、「人間」と「考える」の関係を取り出して見るならば、「人間＝考える」ということに、「等式」で理解することができるし、この「等式」は、思考の「第一の順序」だということになる。パスカルは、第一の思考の順序を後世の人々に教えてくれた、と「気づく」べきなのである。

＊思考の法則性─2次元思考と3次元思考と

「考え方」には法則がある、という点を見ていこう。最初に、2次元、3次元という言葉の「使い方」を説明しておく。すなわち、

2次元思考、3次元思考は、ユークリッド幾何学の、普通の説明をヒントにしているのである。ユークリッドは、「線」を1次元とし、「平面」空間を2次元とし、「立体」空間を3次元としている。私は、「平面的思考」を2次元思考とし、「立体的思考」を3次元思考としたのである。立体思考の立体は、二階建てとか、三階建ての家を想定するのである。

たとえば男・女概念は、一階の平面を二部屋に分けて、一部屋に男を、隣の一部屋に女を配置するのである（男・女を分ける思考）。次に、一階の男と女の性質の違い＝特質を見ながらも、両者に共通する点＝「同じ人間だ」という「人間」概念を発見し、「人間」概念を二階に配置するのである。共通性概念を発見すれば、その思考・考え方は立体思考をしたのだ、と私はいうのである。そこで、2次元思考は平面思考＝男女の区別のように二概念に分ける思考＝違いを見分ける思考、というのである。3次元思考は立体思考＝共通概念にまとめる思考、というのである。そういう「使い方」をする。

さて、「人間＝考える」という等式が定まったということは、万人の「個別具体的な特質」（2次元）という、重要な一つの概念が定まったということになるのである。この場合の「考える」概念を、「個別具体的な特質」というのである（各論といってもよい）。この場合の「考える」という「個別

具体的な特質」は、「人間」と人間以外の「全生物」とを二分し、両者の比較から「考え出され・発見された差異、違い＝特質」のことである。全生物と比較して見てはじめて、人間「だけ」が「考える」のだという「特質」を持っていることが「わかった」のである。ポイントは、二つに分けて見て（人間と、人間以外の全生物との二つ）、その二つを比較して見て「違い」を見つけることである。比較によって、人間は「考える」が、人間以外は「考えないんだなあ」という理解になるのである。

次に、「違いがわかった」ということは、人間を、人間以外の全生物とは峻別してもよいということである。峻別してもよいということは、全生物から人間だけを「切り離してもよい」ということである。「人間とは何か」というテーマを立てる場合には、全生物から人間だけの世界を区別し、切り離して見なければならないのである。「人間とは何か」を問う場合には、第一番目には、上のような「分ける」思考のプロセスを踏まえなければならないのである（まずは2次元思考をすることだ）。

次に、全生物との比較で得られた「考える」という人間「だけ」の特質に対して、全生物から「切り離された」人間「だけ」の世界を見るのである。人間だけの世界は、約八十億人の人間で構成されているのである。この人間全員＝八十億人は、①その中身＝具体的な内容・状況を見ると個別的には違いがあるものの、②「全員（万人）の一人一人が例外なく「考える」という性質を備えているのだ」という理解が引き出されてくるのである。この②を、人間全員の＝万人の「同じ点、共通点ないし一般的性質」だというのである。人間なら全員が＝万人が、一人の例外もなく「考える」という共通の性質を備えているのであり、人間の「共通点」になるのである。この「同じ」点を発見する思考を、

３次元思考というのである。

このように、①特質・差異（２次元）が、②一般・共通（３次元）に転換するのである（逆も真なりだ。②が①に転換もする）。ここに、①差異と、②共通という二種類の、思考のための方法が手に入ったのである。この点を、しっかりと理解しておく必要がある（①は一階の部屋を分ける思考。②は共通点を発見して二階に配置する思考だ）。人間＝万人の「共通性」は、万人の「根源」であり、「例外はない」という理解になるのである。「人間は考える葦だ」という場合の「人間」は、だから、あの人だとか、この人だという各人（単数）が「考える」のだというのと同時に、「すべての人間＝万人が考えるのだ」というように、八十億人を「ひっくるめて見る」ことができるのである。これを、「一般化」したというのである。

そこで考えるコツをまとめると、次のようになる。すなわち、「具体・差異」（２次元事項）が「一般・共通」に転換したり（３次元化）、逆に、「一般・共通」が「具体・差異」に転換したり（２次元化）するので、「思考の次元の上下」（二階建ての家を上がったり、降りたりする思考）という点を「頭に叩き込んでおくこと」となるのである。

この全生物の中で人間だけの特質という、具体的なもの（「差異」・分けること）を考える思考を、私は「２次元思考」（平面思考）ということにしている。全動物との比較で得られた人間の「考える」という「特質」は、人間だけの範囲では万人の「一般質」（共通）に変わったのである。この共通点を発見する思考を、３次元思考＝立体思考をしたというのである。

万人は共通して「考える葦」（3次元）であることがわかった。次には、この3次元事項＝共通を2次元化して見る。人間だけの世界＝万人の世界（3次元事項）の中の、個別具体的なようす・状況を分けて見るのである（分析）。たとえば3次元事項は、約八十億人全員が、共通して「考える葦だ」という点では「人間一般」がつかまえられたのである。2次元化は、この「人間一般」＝約八十億人の一人一人には、どのような違い、特質があるのかを「分けて見る」のである（分ける＝2次元化思考）。これを、3次元の2次元化という（二階から一階に下りる思考だ）。2次元思考は、八十億人の一人一人を比較して、その違い、差異を調べるのである。あるいは、アメリカ人とか日本人とかというように、集団間の違いを見分けてもよいのである。国家それぞれの違いを見てもよいのである。つまり、多種多様な分野において違い、差異を発見することである。この見方は、分けて見る思考であるから、2次元思考というのである。

ここで一つ整理をすると、①2次元思考から3次元思考を試みた。②3次元思考から2次元思考を試みた。人間ならだれでもが、不断に、この①と②とを繰り返し実行しているのである。これは、万人において例外はないのである。そこで、結論は、ものごとを考えるときには、万人は、①と②の両面思考をしているのだということである。万人は、この結論を「自覚」すること（気がつくこと）が大事なのである。自分の脳ミソを訓練するときには、だから、思考次元を上げたり、下げたりすることが「自由、自在」にできるように心がけることである。

専門家が分類するとか分析するという場合は、この「特質、差異」（分ける）に着目しているのである。分析するという場合ならば、それは、「特質・差異」を「見分ける」という2次元レベル＝平面思考＝一階の部屋を分ける話なのである。専門家は、このような思考次元を上げたり下げたりすること＝脳の機能、操作が自在にできる人たちなのである。多くの専門家は、2次元思考が得意なのであるが、しかしそれに比べて見れば、3次元思考の方は苦手なのである。

3次元思考をする場合には、2次元思考が調べてくれた何百種類という個別具体的な、差異のある特質をよく眺めて、今度は、その何百種類もの個別具体的な事柄全部に「同じ、共通する」性質（一般性）を探り出す（考え出す）ことになるのである。八十億人の共通点は何かとか、日本人とイギリス人との共通点は何かとか、ロシア人とウクライナ人との共通点は何かとか、男と女の共通点は何かといったように、共通点を発見することである。これを、3次元思考＝「まとめる」ともいうのである。

この3次元思考＝「まとめ」ができると、「そもそも人間とはこういうものなんですよ」という最終結論が「わかる」のである（一階の事とともに、二階建ての家のようすのすべてがわかったことになるのだ）。この思考法は、万人に共通の思考法であるから、万人＝八十億人の思考が「一つにまとまる」（少なくとも「まとまるはず」な）のである。たとえば、万人が「平和思考」の点では、一人の例外もなく一致するということである。一致しないときは、八十億人の誰かがまだ3次元思考を「怠っている」ということになるのである。ここに、「百人百様」を「一様にまとめる」というマジックの種明かしがあるのである。

さて、養老孟司教授（東京大学、解剖学）は小学生向けに、わかりやすい事例をあげていたので、この点を私なりに取り上げておこう。たとえばテーブルの上に、リンゴ一個、モモ一個、ナシ一個、トマト一個、ピーマン一個、キュウリ一個を並べて見る（一階の部屋が六部屋ある状態だ）。この六個はみな違う。小学生には、「目で見て」違いがわかる事例を示すのがよい。これが実物・現物に当たるという体験教育となる。六個の違いを見分けるのは、「差異」の問題、2次元の話である。まずは、六個に分けるという平面思考をして見るのである。これが「個別具体的な特質」を見分けるという「一側面」の事例である。

それに対して、「果実」という「同じ、共通」の基準を立てて、リンゴ、モモ、ナシを「ひとまとめ」にする（統一する。共通性がわかった、3次元思考＝立体思考をした。果実概念は二階の部屋に配置する）。同じく「果菜」という「共通」の基準を立てて、トマト、ピーマン、キュウリを「ひとまとめ」にする（統一する。共通性。3次元思考。果菜概念も二階のもう一部屋に配置する。二階には二部屋ができた）。さらには、「果実」と「果菜」とはなおも「差異」を示しているので（両者の差異を見るから、2次元事項になる）、それをまとめて「食材」という、上位次元での共通の基準を立てて「まとめる」のである（統一する。3次元思考だ。二階には果実概念と果菜概念との二部屋がある。そこで「食材」概念は、三階を作って、三階に位置付けることになる。これで、三階建ての、立体的な家ができたことになる）。

注意する点は、「果実」概念も「果菜」概念も「共通性」概念であったのだが、「食材」という「共通性」概念は、果実次元や果菜次元よりも「上位次元の共通概念だ」ということである（二階と三階との違いだ）。つまり、共通性概念にも次元の上下関係がある、ということである。この統一する＝まとめるという作業が、「もう一つの一側面」なのである。統一するという側面は、論理学では「同じ、共通」の問題というのである。

そこで結論は、「差異」（見分ける、２次元思考）と「共通」（まとめる、３次元思考）の両面について、思考が自在にできるように訓練せよ、ということになるのである。これができたら、頭がよくなった、というのである。「個別・具体・差異」（分ける）と、「同じ・一般・共通」（まとめる）との両面を理解するように思考をすればよいのである。共通性思考をすることを、私ならば「３次元思考」だということにしているのである。

この果実と果菜の話は、小学生に「考える」教育をする場合の好事例である。小学生とはいえ、「考える」教育ができる事例はたくさんあるのだから、小学校ではそれをやればよいのである。「なまの現物・実際・実体を教材にする」のがよいのである。教科書を教材にするのは、「実体」を教材にしているのではなく、既存の「情報」を刷り込む教育をしているということになる。

体験を踏まえた思考力が身につけば、その後は、ほっておいても結果として「おぼえる」ものなのである。図鑑ではなく、生きているカマキリを扱っていれば（なまの体験）、「鎌に挟まれる」こともあるだろう。そうすれば「痛い」という「実感」が湧くのである。実感・体験する学習は「忘れろ」といわれても、忘れることはできないのである（商店街に出かけて、実際を見聞し、何か商品を一つ購入する体験を通して、商人の活動を知るのも体験学習である。こういう体験は忘れないのだ）。果実、果菜学習も、体験学習なのである。学習が終わったら、みんなで食べてもよいのである。おいしいと思っても、おいしくないと思っても、いずれにしても、忘れることはないのである。

　体験学習には、教科書や図鑑は不要である。体験教育の結果としては、しっかりと、生涯にわたって「おぼえる」のである。①体験的に目で見て、手で触って、頭で考えるという「考える習慣」が確実に身についたならば、②次の段階としては、教科書、図鑑等々をうまく参考にしてもよいという「順序」になるのである。「順序を自覚せよ」ということになる。教師は生徒に対し、答えなどは「教えてはいけない」のである。答えを教えることは、生徒が教師に頼るという結果を導いてしまうのである（「先生、答えは何ですか」と頼るのだ）。要点は、「教えないで、考えさせる」ことなのである。たとえ考え方のレベルが幼稚でも、あるいは、間違った答えであっても「お構いなし」なのである。子どもが「まずは自分で考えて答えて見る」という「姿勢作り」をすることである。文科省の教育政策では、この点が欠落していたのである。

　「おぼえる」だけの教育では、韓国がトップであり、次が中国であり、日本は三番目であろう。欧米なら、できるかぎり「考える」教育を優先にしている。そういう違いがある。いわゆる後進国ほど、「おぼえる」が優先になる。先進国ほど、「考える」が優先になる。韓国、中国、日本は「思考後進国」である。

　以下には、私は、「思考法」を「論理学＝思考の法則」として見ることにする。「差異」と「共通」を「思考」することはほかでもなく、「論理学」そのものだ、と理解しているからである。注意するべき点は、万人共通の論理学には、「強制力」が発生するという点である。論理学は、考えたい人は考えればよいし、おれには必要がないよというような、各人の自由の問題ではないのである。なぜかというと、論理学は、万人の「共通点」を「総まとめ」にしたものだからである。各人の自由思考（2次元。一階の部屋）は、この「総まとめ」（3次元。二階建ての家）という大枠の中に包み込まれてしまうのである。ここからは、3次元思考をせよと、命令をしてもよいのである。これを強制力というのである。

ところで、万人が思考する場合には、2次元思考と3次元思考との両面思考を、普段は気がつかなくても、実は、日ごろ「自然に実行している」ものなのである。だれでもが自然のうちに、リンゴとブドウの違い・区別には気がついているのである（見たり、食べたりの体験をすると、五感が働いて脳は自然のうちに、リンゴとモモとの「見た目も、味も違う」等々と認識しているのである）。同じく、だれでもが、いつしか、男女の違い・差異は見ながらも、両者は人間だと認識しているのである。これは、男・女＝差異・2次元思考と、人間＝同じ・3次元思考とを、自然のうちに実行しているのである。感覚器も脳もそのように、自然に働いているのである。自然に働くので、オートメーション機器というのである。

しかしながら、たとえば日本人とイギリス人とはどのように違い、どの点で同一であるのかと聞かれるならば、事はそう簡単には説明することができないのである。そういう場合には、あれこれと調べて見なければならない、ということになるのである（五官の反応だけでは、答えが出てこないので、調べることになる）。ここに、「自然」の認識とは別に「意図的」な認識へという、別れ道があるのである。人間の脳では、この意図的な認識への機能部分が大量に働くように、大脳新皮質〈前頭葉、前頭連合野〉ができているのである。

脳科学等々科学の専門家は、誰もが日ごろやっている両面思考の点を「見逃さなかった」、「気がついた」のである。専門家が、脳も含む身体を「オートメーション機器」だというのは、誰もが「自然のうちに」2次元・3次元思考をしているではないかということに「気がついた」のである。気がついて見ると、脳は意思や意識に関係なく「自然に働いているではないか」と、わかったのである。①この自然の事実・実体があるからこそ、その事実を踏まえて、②論理学といった意図的な思考＝「学問」を考え出すことができたのである。「気がついた」ということをきっかけにして、「意図的な、意思的な」思考が開始するのである。意図的な科学・学問の前提には、自然の事実・実体が存在していなければならないのである。事実・実体のない「もの・こと」については、そもそも科学は成立しないのである〈空間は実体〈物体、物質〉がないので、空間学といった科学は生じない。空間の中に実体〈物体、物質〉があれば、物体関係を科学することはできるのだ。たとえば、空間に実体＝諸惑星があれば、諸惑星間の関係を調べることはできるのだ〉。

多くの人なら、両面思考をしていても「自覚されていない」とか、「徹底していない」ということなのである。いいかえれば、無自覚なのだが「適当にはやっている」ということなのである。そこで、「自覚」すると、適当にではなく、「意図的に」ないし「あらためて」両面思考をすることができるようになるのである。これが自然面を超えた、人為的側面＝意思的、意識的側面に転換するというのである。これが、「科学思考」の出発点となるのである。専門家は、「ここが科学の出発点なのだ」という点に気がついているのである。

「必要条件にして、かつ、十分条件」といういいかたに従えば、2次元思考は必要条件であり、3次元思考もすれば十分条件を満たすことになるのである。これを、「科学的思考＝いちばんよい考え方」というのである。2次元思考を専門にする場合には「個別具体的な科学＝各論」といい、3次元思考もする場合には「総合科学＝総論」（全体知科学、統一科学）だと、私はいうのである。総論（全体、3次元）は、各論（個別部分、2次元）を含み込んでいるのである。たとえていえば、2次元思考は大暴れをする「孫悟空」なのである。悟空がいくら大暴れをしても（たとえば戦争といった2次元思考をしても）、所詮はお釈迦様の「掌《てのひら》」＝3次元＝究極の総論の範囲以内のことでしかないのである。総論をつかまえてしまえば、あとは演繹的に個別具体的な諸問題はみな認識したり、解決したりすることができるのである。

科学的思考＝2次元思考＋3次元思考＝論理学は、人により十分な理解とか不十分な理解という違いはあるにしても、誰でもが「毎日繰り返し」使用しているから、「法則」というのである。法則の定義は、「同じことが繰り返し生じること」である。

＊従来の思考の法則と、新規の思考の法則との違い

まず法則の定義は、「同じことが繰り返し生じること」であった。2次元思考、3次元思考は繰り返し実行されているから、法則といったのである。2次元思考、3次元思考とは、思考の「論理学」だともいうのである。論理学は、ものごとを認識するとか、問題解決をする場合には、不可避の思考手続きである。論理学に従わない思考ならば、「デタラメ」の、あるいは、つじつまの合わない思考も許容されてしまうであろう（この点について養老は、脳はデタラメの思考はできないように作られているという）。すべての論者が、「私の場合には、このような論理学を踏まえての主張なんですよ」といって議論をすれば、議論はしやすいのである。論理学を持っている人と、持っていない人とが議論すれば、議論はうまくはいかないのである。そこで、「万人は共通の、ただ一つの論理学を持て」と要求されるのである（八十億人が共通の、一つの一様の論理学を身に着けることを要請しているのだが）。

結論すれば、従来の論理学は、脳科学、「実体の情報化」という科学の「新定義」を知らなかった点で、「新規の論理学」とは違うのである。新規の科学は、2次元思考、3次元思考は「大脳新皮質」の機能そのものなのだという脳論を原点とするのである。それでは過去の論理学は何であったかといえば、①古代ギリシアの、アリストテレスの弁証法論理学であり、もう一つは②古代中国の、老荘思想の論理学であった（両者の論理学の説明は、紙面の量の点で省略）。

詳しいことは省略するが、2次元、3次元思考をする場合にも、弁証法論理学と中国の論理学とを参考にしても悪いことはないのである。いってしまえば、ヨーロッパ人も、中国人も、また脳科学者にしても、つまり世界中どこの人間であるとしても、「同じ脳システム」を持っているのだから、ものごとの認識に関しては結局は同じような思考法へと「収斂」するのである。時代が新しくなるにつれて、論理学の内容を「もっと正確」にするという、研究要素が増加し、詳細になっていくのである。2次元、3次元思考は脳の働き方を踏まえたという点で、これまでの論理学の中では「最も」正確さを手に入れたと、私は見ているのである。「最も」（最上級、ベストだ）という点で、「いちばんよい考え方」となるのである。

新規の論理学＝2次元思考＋3次元思考は、弁証法論理学や中国の論理学を乗り越えてしまった、と理解してよいのである。弁証法論理学も中国の論理学も結局のところは、脳科学に飲み込まれ、解消されてしまうのである。論理学も含めて思考はすべて、脳ミソの「しわざ」なのだからである。

＊脳の話の追加――「人間―脳―思考」の構図（自由と必然との関係へ）

2次元思考と3次元思考とを理解したとして、今度は、大脳新皮質の「システム＝構造と機能」を調べて見るのである（「大脳辺縁系」は含まない）。これも思考の順序ということになる。「人間」と「考える」との関係、つまりパスカルの「人間＝考える」をもっと詳しく知るためには、ワンクッションを挟んで見るのである。ここに、正確さのために、あらたな研究要素＝脳論が追加されるのである。ワンクッションというのは、「脳」（大脳新皮質）のことである。「人間＝考える」という大枠の構図を理解する前に、もう一つ小枠を用意して、「人間―脳―思考」の構図を作り、考えを巡らせて見るの

である。「脳論」を追加するという意味である。すなわち、

パスカル――「人間＝思考」の構図

脳論――「人間―脳―思考」の構図

となる。「人間―脳―思考」の構図は、人間と人間以外の動物とを峻別しつつ、総合する場合には不可欠の公式となるのである。関心のある人なら、「人間―脳―思考」と「サル―脳―思考」とについても比較思考をして見て、人間とサルとの「思考の差異・違い」と「思考の共通・同じ」を考えて見たらよいだろう。ただし、進化論上脳機能のレベル差という点では比較を絶するほどの違いもあるのである。サルと人間との遺伝子を比較すると、九〇パーセント以上は同じだとされている（サルが野生動物なら、人間も九〇パーセントは野生動物だといってもよい）。七、八パーセントの違いがあるという。この七、八パーセントの違いにおいて、人間とサルとでは、大脳組織の仕組み＝適応行動の幅の違い＝脳の統合機能の違い＝脳神経の中枢化に大きな格差があるということになる。

たとえば、タコには三万個くらいの脳細胞があるという。これについて時実利彦教授は、タコの脳機能は「紋切型」の行動しかできないという。つまり諸状況に対して、あれこれの適切な自己判断＝適応行動ができないということである。タコならば、脳の統合機能がないというのである。「紋切型」を超える脳の出現は、脊椎動物の出現によるのである。たとえば、すでに古生代のサカナではわずかであるとしても、将来人間の脳に進化する「大脳のもと＝脳幹」が生じたのである（約六億年も前の肺魚〈脊索《せきさく》動物〉でも脳幹の痕跡は見られるという）。人間の脳は、脊椎動物の頂点に立っているのである。

脳の進化史を見れば、そういうことになる。

次に、前半の「人間―脳」と、後半の「脳―思考」とに二分して、検討し理解するのである。パスカルの「考える葦だ」は、実は、後半の「脳―思考」の側面を見ていたのである。前半の「人間―脳」は見ていない、気がついていないのである。パスカルやデカルトの「人間＝考える」をもう一段階詳しく見ようとする場合、人間の「脳が考えるのだ」というように、もう一歩具体的に踏み込めば、「脳―思考」の構図を作らなければならなくなるのである。

そこでまず、「脳」と「考える」との関係＝「脳―思考」を見るのである。「人間＝考える」という関係がもう一歩深く理解できる（わかる）ためには、「人間が」考えるというよりも、実際には人間の「脳が」考えているからだということで、「脳―思考」という点を検討するのである。そういうわけで、「脳―思考」の関係を詳しく見ればよいのである。

「脳―思考」の構図は、脳の「機能・働き」の話である。脳機能ならば、たとえば「何を考えるのかはおれの自由だ」という言い分が出てくる場所なのであり、この自由思考機能により、人間の思考の「複雑さのすべて」を発生させている「源《みなもと》」の図になるのである。人間の思考の複雑さは、思考には「選択の自由の幅が広い」ためなのである（適応行動の幅が広がるのだ）。独裁者の思考は、人間の「選択的思考の自由性」を抑え込む思考なのである。ナポレオンが、「朕は法律なり」（朕ファースト思考）といった点が独裁の印なのである。ナポレオンだけが法律ではないのである。世界の八十億人の各個人はそれぞれに、自分の考える法律を自由に主張してもよいのである。そこで次には、八十億種類の法律を一つに「まとめる」思考＝３次元思考をすればよいのである。そうすれば、独裁は排除できるのである。

思考に自由性がなければ、「複雑な思考」はできないのである。ニワトリの脳は未発達なので、単純思考しかできないのである。「ニワトリは三歩あるくと忘れる」といわれる程度の能力なのだ。カラスなら、人間の四歳くらいの知恵があるともいわれている。人間以外の鳥類、哺乳類は、人間に比べて見れば、思考の自由性は「ほとんどない」といえるほどの違いがあるのである。哺乳類、鳥類の行動には脳が働いているのだが、その脳の働き方の範囲＝適応行動の「自由」の幅のほとんどが限定されているのである。

次に、「人間―脳」の構図を見ることになる。この構図は、人間には脳が在りますよ、という「存在論」＝「自然に発生したという自然・必然性」を示しているのである。そうすると、「脳―思考」の構図は、ものごとを考えていますよ、考えたら理解ができましたよ、という「認識論」を示しているのである。

注意するべきは、人間と呼ばれていたものは、特にはサピエンスなのだ、ということである（人類という場合には、アウストラロピテクスから開始するが、議論はサピエンスからが重要なのだ。サピエンスについては、この後何回も扱う）。サピエンスは、進化論の路線上で自然発生的に出現した動物なのである。自然発生のオートメーション機器といっておいた。たとえばハエやカ、その他の昆虫（昆虫は百万種くらい）が自在に飛行するのも、自然にできたオートメーション機器なのだといっておいた。生物の身体はみな、地球上の何らかの自然物質を有機化学反応により細胞化して構成されているのである（人間の身体を構成する細胞数は、六〇兆個だといわれてきた。最近では、そんなに多くはないだろうと見られているようだ）。だから人間の身体も、石ころと同じく、「自然物体」なのである。そうすると、頭の中に備わった脳もまた、自然発生的な自然物体なのである（大脳の細胞数は、一千億個といわれている。身体は「唯物論」なのである）。この点を構図化したものが、「人間―脳」なのである（「サピエンス」と「人間」との関係は後述とする）。

人間（一般的に見れば、すべての生物）は「生き延びる」ことを「目的」にしているのであり、この目的合理的に「脳」は自動的に機能しているのである。ここに、全生物の（「目的」的行為論）も考えられるのである。全生物は、必ず一度は死ぬとしても、しかし「死ぬことを目的」にして生存しているのではない。死ぬのは細胞には寿命があるためであり、これだけは、科学を駆使しても乗り越えられないのである（自然には勝てないのだ）。

脳も含めて身体システムは、生き延びる「ために」（目的として）存在している。脳は、生きるための方法を、また自分に都合のよい方法（自己保存、エゴイズム、本能など。人間も本能を備えた野生動物の一員なのだという原点は、忘れてはいけないのだ）も常々思考しているのである。この脳の合理的な活用＝脳の機能は、人間ならば自由に、大いに働いているのである。鳥類や人間以外の哺乳類は、人間に比べたらわずかしか働いていないのである。

人間なら「思考したくない、考えることは面倒くさいからいやだ」という「意識」が働いても、脳はその意識の勝手は許してはくれないのである。どうしても考えてしまうのである。「考えたくない」というのも、その人なりに考えた一つの「考え方」なのであり、「脳のしわざ」なのである。「どうしても考えてしまう」ことを、思考の「自然・必然」という。「必然」という意味は、万人は思考を「自然性」から「強制されている」、「思考からは逃げられない」ということである。強制されているから、「考えてしまう」のである。「生きるため」には、「考える」ことが当然なのである。考えない、考えたくないことの方が異常であり、怠け者なのだ！　そこで整理すると、「人間―脳」と、「脳―思考」との統一の構図は、

人間―脳（システム）（自然、必然）
- 構造（細胞組織）
- 機能（選択的自由思考）
  - 自然に従う「自由」思考
  - 自然に逆らう「自由」思考

という図解になるのである。つまり、「人間―脳」の「脳」が「システム」だから、「構造と機能」の二面があるのだ、という図になる（パスカルもデカルトも、この二面性は知らなかったのだ）。構造と機能があるものを、システムというのである。その意味では「脳」は、自然発生的な、しかもオートマチックな「システム」だというのである。「自然」発生の脳は、人間の意思・意識に関係なく備わっている。これを、「必然性」だというのである（自然・必然的なシステムなのだ）。脳システムの機能の側面では、「選択的自由思考」が生じるのだが、その自由思考には、①自然に従う思考（自然になじむとか、自

然を肯定している思考）と、②自然に逆らう思考との、二種類があったのである。

かつてヨーロッパの名だたる哲学者たちが「自由」と「必然」が対立する概念だと思ったのは間違いなのである。哲学者たちはまだ、この構図を知らなかったのである。この構図から見れば、哲学者は脳の機能面での「自然に従う自由思考」を「必然」と思い（何かに「従う」点を「強いられている」＝「不自由」＝「必然」と思ったのだ）、「自然に逆らう自由思考」を「自由」と思っていたのである（何かに「逆らう」ことを、「自由」だと思っていたのだ）。哲学者たちは「自然からの自由」（自然に逆らう自由）と表現していたものだ。ヨーロッパ人は、「自然―と―人間」のように、自然と人間とを二分し、峻別し、自由思考＝人間優位思考をしてきたのである。今西錦司は、欧米人は「自然―と―人間」思考をし、「と」が自然と人間を峻別しているという。今西自身の理論は、「自然―の中の―人間」と表現し、自然と人間とは峻別しない。

「必然性」は「脳システム」の話であり、「自由」は「機能面」の話なのである。彼らは、脳論を知らなかったから、対立するというように誤解をしてしまったのである。対立はしていない。統一しているのである。

「必然性」というのは、「脳は自然物体」なので、たとえ「自然に従う」とか、「自然に逆らう」という選択的自由思考ができるとしても、そのいずれにしてもともかく「脳」というものは自然に、「どうしても何らかのことを考えてしまう性質」が備わっているのだ、「必然」なのだ、「避けられない」のだという意味である。簡単にいえば、人間は考えることからは逃げられない点で「自然、必然」なのだが、いざ考えるという場合には、二種類の機能＝「選択的自由」があるんですよ、ということなのである。

そういうわけで、結論としては、①「人間―脳」と②「脳―思考」を統一して「人間―脳―思考」の構図を理解したときに、人間とは何かが「わかった」という理論上の基礎が完成する、ということである（この構図は、まだ、だれも考えついてはいないものなので＝私の独断思考なので＝よく言えば私の発明品なので、読者はどうか関心を持ち、支持してほしいと思うのである）。

こうして「人間―脳―思考」の理解を踏まえると、「人間＝考える」という大枠に、すなわちパスカルの言明の構図に、ようやく戻ってくるのである。しかし、パスカルもデカルトも、小枠の「人間―脳―思考」における上記の統一的思考法には、気がついてはいなかったのである。彼らの時代では「脳論」がなかったから、考えるのは「人間」であるとし、人間というよりは「脳が考えるのだ」という点には気がつかなかったのである。だから、彼らはまだ「不十分ないし浅い思考」なのであり、「脳論」がわかってはじめて、必要にして、かつ、十分な「深い思考」に達するのだということになるのである。つまり、「人間＝考える」の意味内容が、パスカルやデカルトよりも深くなったのである。ここでようやく、パスカルやデカルトは見捨ててもよい、という思考レベルに達したということになるのである（パスカルもデカルトも「無用の長物」の世界へと追放することができた、ということになる）。

これでまずは、万人は例外なく「考える葦」なのだと「自覚」したことにしておこう。ここで一つ、「自覚のない人は御《ぎょ》しがたい」という点を、頭に刻み込んでおいてほしいと思うのである。この点では早くもキリストが、「我笛吹けど、汝ら踊らず」といっていたのである。キリストは、「御しがたい人」が多いので、何とかしなければと思ったことであろう。自覚のない人＝気がつかない人、つまり「御しがたい人」と議論をしても時間の無駄だと私は思って見たりもするのだが、しかしキリストはあきらめずに、「汝らウツバリを取り除け」といっているのである（ウツバリは、目ヤニ、目クソのこと）。目を開け、気づけ、といい続けていたのである。肝に銘じておきたい言葉である。

＊脳の機能―自由思考の二面性の事例

さきには、自由思考の選択的二面性に触れておいたので、念のために、わかりやすい事例をひとつ取りあげておこうと思うのである。

その事例というのは、かつて全国の登山愛好者によく歌われた『雪山賛歌』である（西堀栄三郎作詞・京都大学教授。南極大陸の越冬隊長としても知られている。京都大学山岳部の愛唱歌）。まず最初には、『雪よ岩よ我らが宿り、俺たちゃ町には住めないからに』から始まる。ここで、大げさにいえば、俗界を捨てた聖人のようなイメージを与える歌詞なのである。「町には住めない」という「町」は、俗界を意味していると見てよいであろう。反射的に、山は「神聖だ」というニュアンスをこめていたのではないかと、私は見ているのである。当時は、山を神聖視するようなムードがあったものである。「聖人」はみな「山」に住み着いているのであり、当時の学生たちはテントの中で聖談とか哲学を語り合っていたのである。現在の登山愛好者は、もう哲学などは語らず、スポーツ、お楽しみになっていることであろう。

次に問題の歌詞が出てくる。それは、『テントの中でも月見が出来る。雨が降ったら濡れればいいさ』である。京都大学に限らず、国立大学の山岳部では、文科省からの部活動予算が少なくて、みなボロテントを使用していたのである（私もそういう時代に、学生生活、山岳部生活を送っていた。私たちのクラブもボロテントを使っていた）。穴あきのテントだから、寝ると自然に月見ができるのである。ここに、ひときわ自然に親しむのである。いわば「花鳥風月」の世界である（中国では、「風月」とはいわないで、「花鳥虫魚」という）。穴あきテントだから、雨が降れば当然に雨漏りがする。このときに『濡れればいいさ』といっているのである。これが、選択的自由思考の中の「自然に従う思考」なのである。ちょうどカラスが、雨の日にはただ濡れるに任せて耐えているようなものなのである。これを、哲学者なら、「素朴実在論だ」などというのである。

もしも雨が降ってきたら、テントの穴にビニールなどを張って雨漏りを防ぐとか、傘をさすとか、ビルに逃げ込んで雨宿りをする事例なら、「自然に逆らう思考」なのである。たとえば、社会に関して見れば、村・共同体社会ならば「自然を受け入れ、自然に調和しようとする」社会事例なのである。都市・資本主義社会ならば、「自然に逆らう思考」社会なのである。つまり、「人工社会」なのである（詳しくは後述）。

＊主観と客観との区別について

ここで、科学思考に関する主観と客観について、一言だけしておきたい。問題点は、たとえば、マルクスはヘーゲル弁証法を、「主観的な観念的論理学」だといって批判をした点が一例である。「主観的な思考」はするな、という主張である。これまでは世界的に、科学思考は「客観的思考」でなければならず、「主観的思考」は科学思考でないという常識があったのである。

「唯物論」(客観論)といえども、それはマルクスの「脳ミソが考え出した、発見した情報」なのであり、やはりマルクス個人の脳の思考の産物＝「主観的な思考」なのではないのか。マルクスの「脳のしわざ」ではないのか。マルクスの思考はマルクスの脳しかないのではないのか、ということである。この点では、ヘーゲルにも同じことがいわれるのである。

「主観的思考」ではダメだという場合、その論者には、「主観」と「客観」の定義は何かを明示してほしいのである(いまだに聞いたことがない)。この問題での主観と客観とでは、理論の世界が全く違うのである。「主観」の発現は「自然論」であり、「客観」の発現は「人為論」であるという違いがあるのである。主観の発現場所は大脳辺縁系であり、辺縁系は「本能」の発現の脳部位でもある。辺縁系は一般的にいえば、哺乳類や鳥類が「たくましく」生きるための脳部位なのである。主観は、生きるための主張なのである。

主観は、各個体の「身体の違い」を「基点」にしている。たとえば、人間が「二人」いるならば、身体は必ず「二個」存在する。私の身体は私「だけ」のものなのである。夫婦は「一身同体」というが、正しくは「二身二体」である。私の妻の病死を私が「代替して死んでやることはできない」のである。万人の身体とは他人の身体とは「入れ替わりはできない」のである。「私—即—あなた」ということはありえないのである。私の主観は、この私「だけ」の身体（辺縁系）から出てくるのである。他人（妻であろうとも、その妻）の主観は、他人（妻）の身体（辺縁系）「だけ」から出てくるのである。二人として「同じ主観の内容」は存在しないのである。だから、世界の八十億人の身体からは、八十億種類の「主観」が発出してくるのである（二人として、同じ主観はあり得ない）。主観の発生脳部位は、大脳辺縁系なのである。定義すれば、主観は各個体の「大脳辺縁系」の機能の結果である、ということになる。

そこで、次に、①八十億種類の主観を「放っておくのか」、それとも②「まとめる」のか、という問題に移行するのである。家族生活でも、社会生活でも、人々が「共存」しなければならないと思えば、「まとめるべきだ」（主観を越えろ）ということになるだろう。

それでは、どのようにしてまとめるのかが問題になる。客観的思考をせよという「客観」は、大脳新皮質の機能なのである。主観とは脳部位が違うのである。まず定義すれば、「客観とは大脳新皮質の機能から構築された、万人の約束ごとである」ということなのである。自分の主観は、他人とは身体が違うので、「代替」することができないのである。マルクスの唯物論思考もヘーゲルの弁証法論理学も同じく、ますばマルクスの、ヘーゲルの脳・主観から発現するのである。主観的思考自体は

「約束」になりえないが、客観的思考は「約束ごと」となるのである。

すなわち、マルクスとヘーゲルとの主観が別々の身体・脳から発現するものであるから、両者の主観を何らかの方法で「すり合わせ」が必要になるのである。「すり合わせて」、両者を「まとめる」ことができたならば、それは当然に互いに「約束ごと」になるのである。マルクスは、ヘーゲルとの違い（2次元思考）を「拡大強化」はしたが、「すり合わせ」（まとめ）はしなかったのである。このような批判は、正しい批判思考だとは言うべきではない（プーチンが、戦争思考を強化し、ゼレンスキーとすり合わせをしなかったのと、同じことである）。

なぜ客観的思考は「約束ごと」なのであろうか。客観的思考＝約束の内容が何かといえば、それは大脳新皮質の理解からは、「論理学」だということであった。論理学は、AさんとBさんとの個別の思考＝情報内容の違い（2次元思考）を前提とし、大脳新皮質はその違いを含みながらも共通の「思考点」を構築したものなのである。そこでこの論理学を、AさんとBさんとが「約束ごと」と決めるのである。この約束ごとは、Aさん次元を超えており、かつ、Bさん次元を超えているから（二階に配置したから）、ABの両者から見るならば、二人による「客観物、構築物」だということになるのである。客観物は人為的な「構築物」なのである。すなわち、客観物は二人が作り上げた作品だから、二人の約束ごととなり、「約束でない」としたら、無駄なことをしただけだということになるのである。

客観的思考には、客観物を根拠として思考しなさいよ、という要請が働くことになる。たとえば「相対性理論」は、そもそもの点でいえば、アインシュタインの主観から発現する彼固有の主張なのであるが（単なる個人的な意見なのだが）、アインシュタインは自分の情報（研究成果）を「数学」を使って世界に発表＝説明したのである。数学は自然科学者の「約束ごと」なのであり、「客観物」であるから、アインシュタインの情報開示では「客観的思考」をしたと「評価」されるのである。

ようするに、「客観的思考をせよ」という要請は、他人（万人）に向けて発表＝説明する場合には「有効な説明手段」だということなのである。簡単にいえば、説明するときには、客観物＝論理学（数学）を使いなさいよ、ということなのである。マルクスがヘーゲル批判をしたときのマルクス自身が、まだこの脳論・客観物論を知らなかった時代の事柄なのである。ヘーゲルにしても、主観と客観の定義を踏まえた上で、ヘーゲル論理学を構築したかといえば、そういうことではなかったのである。

「主観」と「客観」との関係は、主観は大脳辺縁系から発出するが、それがストレートに他人に向けてアウトプット（情報発表）されることはないのである。アウトプットするためには、辺縁系の情報が必ず一度大脳新皮質（前頭葉、前頭連合野）に送られて、そこで吟味されてからアウトプットするようになっているのである。だから主観情報が他人に向けてアウトプットされる場合、論理学に依拠していたならば、他人は理解ができ、「よし」とするのである。論理学に従っていなかった場合なら、あなたの説明はどうもよくわかりません」といわれて、「ダメ」ということになるのである。

万人が共存する場合には、八十億人の主観を越えて、八十億人に共通の論理学＝客観物＝約束ごとに従え＝「客観的思考」をせよという要請が働くのである。だからといっても、主観の存在は不滅なのである（辺縁系は備えているが、まだ大脳新皮質が備わっていない動物ならば、主観がストレートにアウトプットされるのである。たとえば爬虫類以前の動物など)。

＊「大脳新皮質の機能」を正しく追求せよ

ここでの議論は、「脳機能論」の核心部であり、現実問題解決の核心に迫る視点だと考えており、そういう点で特に取り上げておきたい。一例として、戦争を想定して見ることにする。

なぜ戦争が生じるのだろうか(問題を引き起こす輩がいるからだ)。しかしまた、なぜ戦争問題を解決しようとするのだろうか(解決しようとする輩がいるからだ)。問題点としては、次のように考えて見たらよい。私は、これまでは、「考える」のは「脳のしわざ」だといってきたのである。この点から見れば、戦争思考も、解決思考も「脳のしわざ」であり、その脳は大脳辺縁系と大脳新皮質の二種類の脳のことであり、その両者の「機能の関係」だ、ということである。戦争問題は、その一つの応用編と見ておこう。

現在進行中のロシアとウクライナの戦争状態を想起して見よう。プーチン大統領は「われこそが正しい」として、歴史的理由等々を主張した。これに対してゼレンスキー大統領は、「お前の方がおかしいのだ」と主張した。この対立を2次元事項という。両者がこの2次元的主張を押し通し続けるならば、円満な解決は不可能であろう。たとえ各人には正当理由があるとしても、これはもう、終わりなき水かけ論というしかない。過去の戦争はすべて同じであった。この2次元レベルで戦争を解決するとしたら、繰り返し経験してきたように、「強いもの勝ち」で終わる。現代なら、軍事力（核兵器など）でまさっているところが勝利して、戦争は終わるであろう。勝てば官軍となる。このような戦争は二度と起こしてはいけないと思えば、2次元思考以外という別の方法を考えて見るしかない。

そこで、大脳新皮質を持ち出すのであるが、戦争問題は、その前にもう一つ扱っておかなければならない問題点があるのである。それが、本能の問題である（哺乳類、鳥類の争いは、本能＝テリトリーの獲得・保守に始まるのだが）。本能が生じるのは、大脳辺縁系と名付けられている脳部位である。戦争意思は、この大脳辺縁系の機能として発出するのである。たとえば、「窮鼠猫を噛む」という言葉がある。ネズミはイチかバチかになれば、ネコにも歯向かうのである。これは、身を守るという本能の機能なのである。ネコがネコじゃらしに飛びつくのも、ネズミのよにチョロチョロ動くものに飛びつくという本能から発出しているのである。もともとは本能から発出する行動なのである。今回のプーチンは、ネコに相当するのであり、ゼレンスキーはネズミ役だと見ることができるのである。人間の戦争意思の出所は、このネズミやネコの本能に発出する事例と同じことなのである。ただし、本能の機能は争い、戦争だけではなく、多種多様な状況に対して「たくましく生きる」という生きる力の源でもある。だから、本能の機能は大事な「脳の機能」なのである。人間も当然のことながら、本能は働いているのである。

本能に発出する戦争思考を完全に断ち切るためには、たとえばプーチン大統領をつかまえて、彼の大脳辺縁系を手術により「切断」すればよいという方法がある。辺縁系がなくなれば、戦争発想自体が生じなくなるのである。これも一つの解決方法である。読者は、それは良い方法だと思いますか、いかがですか？　賛成者はいるのだろうか。しかし切断すると、本能からの「たくましく生きる」という意味のある多種多様な能力まで全部を失うのである。いわば、「生けるしかばね」となる。そう思えば、切断方法は実行するべきではないということになるだろう。私は、切断はしないほうがよいと考えている。

そこで、あらためて大脳新皮質の機能の登場を考えるである。辺縁系と新皮質との関係を見るのである。両者の機能をみれば、本能に発する意思は、そのままストレートに他者に向けてアウトプットするものではないのである。大脳辺縁系からの情報は、一度大脳新皮質（前頭葉、前頭連合野など）に送られて、そこでどうしたものかと吟味・思考されてからアウトプットされる関係なのである（戦争開始だ！　絶対に勝つぞ！と意思決定をする。あるいは、絶対に戦争しないぞ！という意思決定をする、との両面がある）。理論的に見る場合には、戦争に関しても「思考の順序」というものがあるのである。そこで、第一の思考の順序は、本能の命じるままに戦争をするという思考を、まずは肯定して見るのである。戦争は「ご自由にやりなさい」と。本能がアウトプットされる場合でも、その情報が大脳新皮質に送られ、新皮質の機能が働いて、「やっぱり戦争するしかない」という意思決定に至り、戦争勝利を想えば、戦略思考を大いに働かせて、有効な兵器を取り揃えて、絶対に勝つという意思を「強化、増強」するのである。これが、大脳新皮質の「増強思考」機能である。脳論の専門家・時実俊彦教授は、次のようにいう。すなわち、

「平和への努力は、主体性の座、新皮質のレベルで論議しても報いられないであろう。大脳辺縁系のレベルでは、いっそうことが厄介になるばかりである。さすれば、もっと深く、人間すべてがもっている共通な営みの場、すなわち脳幹のレベルまで掘りさげるよりほかはあるまい」

（時実『脳の話』一二五頁。岩波新書）

というのである。時実は、大脳新皮質の機能では「報いられない」という。新皮質の機能に依拠すれば、これまでの経験から、「戦争強化という機能」しか果たしてこなかったと、時実は判断しているのである。だから、新皮質には頼れないという結論になったのである。そこで、第二の思考の順序は、時実は新皮質には頼れないというのだが、しかし私は、大脳新皮質の機能を再点検して見るのである。時実のいい分は正しいのか、と。「脳幹に頼る」のではなく、新皮質の機能で何とかなるのではないのかと、時実理論を批判的に見るのである。見なおして見れば、時実は大脳新皮質の機能をまだ深くは追及していないと、私は気がついたのである。

私はすでに、大脳新皮質の機能＝思考の法則＝論理学（2次元思考＋3次元思考）を導き出しておいたのである。そこで、私の新皮質機能の構図をあらためて指摘しておけば、

脊髄―脳幹―大脳辺縁系―大脳新皮質
　├対立を増強する機能あり（2次元化）
　└対立を解決する機能あり（3次元化）

である（脊髄は脳部位ではない、脊髄の先端に脳物質が発生してくる。その最初が脳幹である。脳幹の発生は六億年

も昔のことだが)。

この私の構図では、大脳新皮質の機能には、二種類があることを指摘したのである。時実は、「増強する機能」(2次元思考の増強)の一つしか考えてはいなかったのである。これが、時実理論を吟味した結果である(時実は論理学構築には気がつかないでいたという点に、私はハッと気がついたのである)。そこで、第三の思考の順序は、大脳新皮質の機能＝論理学構築が明らかになったのであるから、3次元思考＝解決思考をして、問題を解決する以外にはないのだということになる(もしもこれ以外にあったら、すぐにでも聞かせてほしい)。私の構図の、新皮質の機能の「対立を解決する機能あり(3次元化)」に依拠すれば、解決の可能性が出てくるのである。3次元思考は「まとめる思考」であった。対立する2次元事項・2次元思考を含みながらも、両者の共通点を発見して、両者が納得する思考次元に押し上げて(一階から二階に上げて)解決するという思考である。3次元思考は、誰でもが納得できる共通の思考点を引き出せるということであった。これが、「いちばんよい考え方」だということであった。そこで結論は、大脳新皮質の機能を正しく追求し、認識せよと、いうことになるのである。結論は、大脳新皮質の機能を正しく理解すれば、解決策が出てくるではないか、ということである。

ここで、私が締めくくりとしておきたい最大の強調点は、次のようになる。すなわち、もし仮に戦争など2次元思考をする場合でさえも、①殺人と、②建造物・製造物の破壊とは「絶対に実行してはいけない」ということである。せいぜい大いに「口喧嘩」をやるくらいにしておくことである。なぜなら、思考の法則＝論理学思考は、根源を訪ねれば何よりもまず、「生きることを目的」としているという認識からスタートした思考法なのだからである。大脳辺縁系も大脳新皮質もともに、「生きることを目的」にして機能しており、「死ぬことを目的」にしたり、「殺すことを目的」にはしていないという点を、あらためて再認識したらよいのである。私は、その点は繰り返し指摘してきたところである。

本書のすべての話は、万人が「生きること」のためなのだ、ということである。どうぞお忘れなく、である。

第二の思考の順序

＊万人の範囲の確定

さきに「人間」とか「万人」という言葉を使用したが、ここで一つ、万人の範囲について確定しておきたい。これが、第二の思考の順序である。

一口に人間ないし万人といっても、その中には、誰と誰が含まれるのか、という範囲を確定しようということである。日本人は万人の中の人間であるが、アメリカ人も万人の中に入るのか、ということを問題にしているのである。

また、現在世界中で生きている人々（約八十億人）だけを万人というのか、それとも、もうすでに死んでしまった人々も、万人の範囲に入れるのかを、私は問題にしたいのである。さらに言えば、未来に生きているであろう未来人間も、万人の中に入れるのかどうかも、範囲の問題である。

万人の範囲を検討する前に、諸民族、諸国家ではそれぞれに違い・特質もある。そこで、まず、日本人の特質についてざっと見ておこう。

日本人の特質は、アニミズム思考がベースにあるということである。アニミズムは、自然の万物（生物、無生物物質）にも神が宿っているという思考である。たとえば、波打ち際に自然にできた二つの岩を夫婦神と見たてて、しめ縄をかけるのである（三重県の「二見浦」）。日本人の深層心理には、八百万の神々が巣くっているのである。アマテラスも、八百万《やおよろず》の神々の一柱である。日本仏教の「仏」も八百万の神々の変身である。基本的思考は、神仏習合＝神仏同一思考なのである。

アニミズム思考は一般には、万物に宿る神頼み思考である。朝日・夕陽を見ても、海・山を見ても、手を合わせるのである。良きにつけ、悪しきにつけ、手を合わせるのである。修験者（山伏）も僧侶も、山で修業をし、神の御利益にあずかる思考であった。盆・正月には、あたかも国民を上げてと言ってもよいような神頼み、仏頼みをしているのである。出雲大社（大黒様＝大山祇の神《おおやまつみのかみ》）や三輪山（奈良県）信仰も、富士山信仰も、同じである。万物に神がいるのだから、万物の一部である人間自身も「死ねば」神様になれると思っていたのである（義経も、道真も、将門も、家康も神様になったのだ。戦前では天皇は「生き神様」だった）。これは、キリスト教なら「あり得ない」発想である。

アニミストは、自然論者なのである。「一寸の虫にも五分の魂」などという。魂の存在では、物質も、虫も人間も区別がないのである（日本仏教では「山川草木悉皆成仏《さんせんそうもくしっかいじょうぶつ》」という）。つまり、自然が主体であり、人間は従体である。ここには、受身的な性格・心情が見て取れるのである。これを、島国根性というのであろうか。沖縄でも、「幸福は外からやってくる」という受け身的な思考が伝統的にあったのである。島国のイギリス人なら、他国からの決定的な侵略を受けたことで、受け身的な島国根性を喪失したのであろう（ストーン・ヘンジの石文化時代にはまだ、自然論にかかわっていたのだが）。日本人とは、まったく人間が違うのである。受け身の性格・心情は、主体性・独自性に欠けるという点が、想像されるのである（「ノー」とはいえない）。

これに対して、大陸人はシャーマニズムが普通であった。シャーマン（呪術師）が主役であり、自然を服従させる思考である。シャーマンは神々を、自分の、また村の守護神として、服従させているのである。災害や病気、戦争などはみな守護神に命じて、守護神に解決させるのである。シャーマニズムの人間は、主体性、独自性が明瞭であると見られるし、自己主張が強いのである。アジア大陸人間（たとえばモンゴル人や北方中国人）は、ヨーロッパ大陸人間に対しても、引けを取ってはいないのである（チンギスハンがよい事例であろうか）。

肝心の日本人について、もう一歩踏み込んで見よう。アニミズム人間は一般には主体性・独自性が弱いといっておいたのであるが、よく見れば、アニミズム人間にも、「それなりに」主体性・独自性もあるのである。

この主体性、独自性は、歴史的に見れば聖徳太子の出現で、目に見えるようになったのである（太子が実在人物かどうかは、ここでは省略する）。太子には、主体性、独自性も見られるし、非主体性も見られたのである。非主体性は、外来（当時は中国）文化が「よく見えてしようがない」という点に表れる。太子は、中国儒教・仏教様様《さまさま》と見たのであり、もう「ノー」とはいえず、だから導入したのである。非主体性のおかげで、『憲法十七条』ができ上った。輸入文化をうまく「わがもの」にするという特技があったのである（「瓢箪から駒」が出たのだ）。しかし、次には太子は、俄然大陸人並みの「主体性」を表すのである。それが、「日出るところの天子、日没するところの天子へ…」である。太子以後では、アニミズム人間も主体性と非主体性とが錯綜しながらも、その二面性を表現し続けるのである。

たとえば、曽我氏・太子時代、奈良・平安時代は中国文化様様で、中国文化を導入し、日本を統一しようという勢いであった。明治時代に入ると今度は、欧米文化様様で、日本を統一するという勢いであった。奈良、平安時代と明治以後は、外来文化が「よく見えてしようがない」のである。もう「ノー」とはいえないのである。太平洋戦争では、日本人は鬼畜米英といっていたのに（日本的主体性）、戦後になると明治からの流れの続きで、アメリカ様様になった。一九六〇年代くらいまでは、ドイツ留学へと草木がなびいたのであるが、六〇年代ころからは、医学を中心にアメリカ留学へと方向が変わった。以後、留学は、アメリカ様様で草木もなびくようにアメリカへと出ていったのである。いったい主体性はどこにあるのかと、疑われるほどであった。

それに対して、鎌倉時代から江戸時代までが、アニミズム人間の主体性、独自性を表していたのである。つまり、土着文化様様である。外来文化が「よく見えてしようがない」という姿勢はないのである。この時代では、日本人独自の思考がいかんなく発揮されたと見てよいであろう。その主体的文化内容は、封建制であり、明治以後なら欧米様様と並行して、いわゆるアマテラス（特には右翼）が顔を出すようになった。明治以後は、土着思考と外来思考が「錯綜」しているのである。錯綜とは、明治政府は、①欧米思考様様でありつつ、②アマテラス様様になる点に、よく表れているのである（しばしば「節操がない」と批判もされるのであるが）。

また、鎌倉時代に親鸞聖人は、仏教を肯定しているのに、中国仏教の「戒律」を排除して、「戒律なき日本仏教」を創作したのである（曹洞宗も、地方寺院ならほとんどが戒律などはなくなった）。これは、親鸞聖人などの日本的な「主体性、自己主張」の姿である。外国の仏教から見れば、戒律なき仏教はもう仏教とはいえないのだが。日本人が外来文化を否定して独自の文化を作る場合には、どう見ても「あまり褒められたものではない文化」を創造するのである（代表事例が封建制であり、東条英機率いる戦争も褒められない）。

結論めいた点をまとめると、現在でも、アニミズム思考がベースに在り、そのベースの上で、主体性が表に出る場合と、非主体性が表に出る場合とが「錯綜している」と見られる、ということである。イギリスのような一貫した主体性、独自性は、とても見られないということである。

敗戦後アメリカ占領軍が、日本社会をアメリカ型民主制として作ってしまった＝日本人の主体的な日本国形成ではできなかったといって、今からでも日本を日本人が独自に作るべきだという主張がある（日本的主体性）。この主張自体は、素晴らしい。しかし私は、アメリカが、日本人独自では実現不可能である「民主主義の苗を植え付けた」という点では、正解だったといいたいのである。日本人に任せたらまた「アマテラス」が出現し（靖国神社も含めて）、民主主義の姿などは今でもなかったことであろう、と推理することはたやすいことであろう。

アメリカにも、中国にも依拠しないし、欧米レベル以上の、日本独自の「民主制国家形成」はできるのかと問われるならば、私は「形成はできません」と答えるしかないのである。是非は別にして、これまでのアニミズム人間・日本人の特質を以上のように、一応のまとめとしておこう。

前置きが長くなったが、万人概念は、世界の諸国、諸民族の特質を越えて、同じ共通性をつかまえることになるのである。たとえば日本人とイギリス人との共通性を発見することになるのである。つまり、「人類」に見られる共通性、一般性を発見することになるのである。たとえば最初の人類の出現は、人類学に従えば、アウストラロピテクスの出現のことである。日本人もイギリス人も、同じくアウストラロピテクスの子孫であるという点では、共通点になるのである（進化論上はそういうことになる。「同一種」なのだ）。

化石人類について、若干の常識を取り上げておこう。人類学では、今から四、五百万年前（新第三紀）ころに、アフリカで、アウストラロピテクスが生存していたというのである（「アウストラロ＝南の」という意味。「ピテクス＝よちよち歩き」という意味）。彼らを最古の人類とするのが、人類学の通説である。化石人類が世界に放散してイギリス人になり、日本人になって、現在に至っているのである。この化石人類も、私は、万人の範囲に入れるのである。

　ついでに一言すれば、「よちよち歩き」の化石人間でも、進化論上では、現在のサピエンス（私たち）へと進むべき「定向進化」が始まっていたのである。進化論という意味で、万人は「一筋の糸（同一種）」でつながっているのである。「一筋の糸」を発想するには、進化論をあらかじめ知っていた、ということなのである。「万人思考」は、進化論を踏まえた発想なのである。万人思考をしない人は、進化論を知らない人だ、といってもよいであろう。

　もしも化石人類を万人の範囲に入れるとしたら、人間の範囲については「最大の視野だ」ということになる。この点を、私は一つのポイントにしているのである。私は、ものごとを考えるときはいつでも、その事項の「最大の視野で見るべきである」という考え方をしているのである。「最大の視野＝全体知」と考えているのである。

　一般性を知るには、自分と他人（化石人類も含めて）とは「同じだ」ないし「共通だ」という「まとめる」点を、本気で探し回らなければならないのである。たとえば、トランプ氏には、黒人とは同じ人間だ、仲間だという点を真面目に考えろと、言わなければならないのである。同じ人間だと自覚してからでなければ、大統領には立候補するな、といわなければならないのである。違いだけにこだわるな、である。トランプ氏は、２次元思考の権化のようである。

トランプ氏のような思考（一般には、アメリカ政治・経済思考）が出てきたルーツは、ジェームズの『プラグマティズム哲学』であろう。この哲学の忠実な実行で、最近まではアメリカは世界一が維持できたのである（現在では、アメリカといえどもプラグマ哲学は陳腐化してきたのだが）。現在では、アメリカファーストから、世界ファーストに、世界観が変わってしまったのである（後進国は中進国になり、中進国は先進国の仲間に入り込んできたのだ。アメリカが中国を気にするのは、すでに「プラグマティズム」の威力がなくなってきたのだ）。だからトランプ氏は、アメリカ世界一という過去の栄光を夢見ているのではないかと、私は見ているのである。結論は、トランプ氏は未来思考ができない、後ろ向きの人物だということになる。未来は、アメリカファースト思考を排除して、世界ファースト思考をせよ、といわなければならないのである。

私自身は、化石人類も万人の範囲に入れているので、面倒でもあらかじめ「人類学」には、一応の水準でもよいから、目を通してきたのである。特には、「文化人類学」である。たとえば、私はチャンスがあれば、具体的に、現実に、自分の目で、自分の五感で、人類学の「匂い」でいいから嗅（か）いでおきたいと考えて、四十歳代のころに、フィリピンとマレーシアの二カ所のジャングルの奥深くに細々と、現に生存している、東南アジア最古の人々を訪ねて、彼らの生活様式などに直接に触れて見たことがある（ナマの現物に当たる＝体験学習という思考を実行していたのである）。

文化人類学では、彼らを「ネグリート族」と呼んでいた。ネグリート名は「ニグロイド」（学名）からきている名前であろう。ニグロイドといういい方は、今では、ヨーロッパ人（特にはイギリス人か?）のレイシズムからきているということになるだろうか。ニグロイド以外では、コーカソイド、モンゴロイドといい、「白色」とか「黄色」という色を示す表記にはなっていない（コーカソイドはコーカサス地方の名であろう。モンゴロイドはモンゴル地方の名であろう。インド人は色は黒いが、コーカソイドである。通称白人である。インド人が白人といわれるのは、皮膚の色ではなく、骨格が白人に共通なのだ、ということである）。アフリカ人だけが黒という色で呼ばれている。これが、レイシズムの結果であるのだ。

ネグリート族については、だれでも一見したところでは、アフリカ人の小人族を想起するものである（外見がよく似ている。背は低い。肌は黒く、髪の毛はちりちりだ）。しかし、れっきとしたアジア人なのである（発生はアフリカ人だが、長い年数をかけてアジア地域に適応し、アジア人化したのである）。ネグリート族調査では、日本の研究班が最も詳しい。リーダーは当時では、岩田慶治教授（東京工業大学）であった。ネグリート族が東南アジア最古の人間であり、現在の東南アジア人に最も近縁であることは、いいかえればアフリカの小人族とは縁が遠いことは、筑波大学の遺伝子調査班の調査で判明したのである。

このように万人の範囲を最高に広げた私の意図は、実はといえば、人類全体が、人類全体以外の全生物との生態系的関連がどうなっているのかを、前提として視野に入れていたからだ、ということなのである（人類学の前に、生態系、生態学を考えていた）。そういう生物全体的視野の中で、「人間一般」、さらには村・共同体人間と「特殊」都市・資本主義人間を意味付けていこう、把握していこう、解釈していこう、という思考をしていたのである。そういう意味では、私は可能な限り、「全体知」を求めているのである。その結果、人類一般＝「万人」思考にたどり着いたのである。

以上の第一の思考の順序、第二の思考の順序が、「人間は考える葦」という場合の「人間」のすべてに関する思考の＝基礎的な把握の「思考の順序」というものである。人間＝考える、存在と認識、自由と必然、考える人間の「範囲」等々が理解されたことであろう。

要点をまとめれば、人類とは、現在ならサピエンス種の一種しかないということである。このサピエンスは「自然、必然に」出現したのであり、自然人である（他の生物との共通点で言えば、人間も野生動物なのである。後に見るが、人間の社会も全生物の各種社会とは「同位社会」なのである。サル社会も、イヌ、ネコ社会等々の各種社会は同位、同格、平等だという意味だ）。人間を野生動物ないし野生人間（本能が生きているのだ）だという側面を見ないのは、自然論を無視した視野の狭い、単に人間中心の勝手な評価でしかないのである（欧米人がこの思考にたどり着いたのだ）。この自然人が地球上の各地に放散したのであり、それぞれに地域的には独自の見かた・考え方をするようになっただけである。この独自性はそれぞれの違った環境に「適応」したという、「適応性」のことでしかないのである。

人類の共通性・3次元事項の基礎・ベースは「自然性」に見るのであり、各地にいる人の「人為的」な考え方の差異・違い（適応の違い）は2次元事項と見るのである。イギリス人と日本人との共通点・3次元事項は「サピエンス種」であり、地域的な思考、生活様式の違いは2次元事項だということになる。地域的な違いを取り上げて、自分の集団がよい、他の集団はダメだという対立思考・評価はナンセンスなのである（戦前の日本人は、中国人や韓国人を低く見て、特別のあだ名で呼んでいたものだ）。

適応の違いには触れないのがよい＝素直に認めるのがよいのである。アニミズムやシャーマニズムは、地域的な、平面思考の適応の産物である。各地の人々・民族などはみな生活様式・思考に違いがあっても、3次元思考からは「お構いなし」(平等)なのであり、全世界としては「共存」さえしていればよいのである。自国ファースト思考は、共存には害があっても、益はないのである。共存をすることは、八十億人が共通して世界ファースト思考＝3次元思考をすることに外ならないのである。

第三の思考の順序——自然世界と人工世界との峻別思考

＊一を分けて二とする——峻別

「全体知の見取り図」の、自然—生物系列の①自然型村・共同体社会と、②人工型都市・資本主義社会を峻別しようということである。この峻別は、ほかでもなく、自然発生のサピエンスを、自然型社会形成者と、人工型社会形成者とに、二分することになる。第二の思考の順序で、「万人の範囲」(万人＝サピエンス)を決めておいたので、ここでは、その万人を二区分することになるのである。

古代中国の論理学を見ると、区分する前提には「一概念」すなわち「すべて」(全体)概念を設定するのである。それぞれの違いを見分けるときには、「一を分けて二とする」思考をするのである。つまり、対立事項を発見するのである（2次元化。弁証法論理学の「A対非A」と同じ）。そこで、万人＝化石人類から現在までの「すべての人間」を、まずは「一」とおく。この「一」は、すべての自然発生的の人間＝「自然世界人間」の意味である（先祖で見れば、アウストラロピテクスだ。分類学から見れば、現在生存している人間はすべて一律にサピエンス種の「一種類」のことだ）。

「自然世界」人間の「自然性」の根拠は、脳物体も含む身体が自然に作られた「自然物体」だ、ということである。この自然世界人間は、現在では、私たち＝ナマ身の人間＝サピエンス種の「一種類」のことなのである。このサピエンスが、村人や都市民の社会的ベースになっているのである。以上が「一」の世界である。

次に、「一を分けて二とする」のである。さきに『雪山賛歌』で見ておいた二種類の思考を想起してほしい。①は自然になじむ思考、②は自然に逆らう思考であった。

もう一度まとめていえば、まず第一には進化論上、万人が「自然世界人間」として出現した。現在形ではサピエンス種も出現した。化石人間は現在の分類学上ではサピエンスではないが、進化論上は祖先である。彼らから切れ目なく順次「定向進化」し発展して、現在に至っているのである。これを総称して「自然世界人間」と呼んでいるのである。これを、「一」（全体）と表示するのである。

第二には、「自然世界」人間をベースとして、村・共同体人間が出現した。「自然世界」人間を肯定している社会形体＝村・共同体社会の形成である（サピエンス＝村人であり、共同体人間である）。

第三には、村・共同体人間を否定して（村人から脱出して、ないし、村からのはみ出し人間として）、「自然世界人間」＝サピエンス種をベースにしているのだが、村・共同体社会形成ではなく、今度は、人工社会＝都市・資本主義社会を形成したのである。資本主義社会も、実際に、具体的に運用している荷い手は、ナマ身の人間・サピエンスなのである。このサピエンスが、都市・資本主義社会の荷い手に決まったとき、「私的所有権者」という新しい名称が与えられるのである（詳しくは後述）。以上のようにして「村民」（村・共同体社会）と、「都市民」（都市・資本主義社会）とを峻別するのである（一を分けて二とした）。

＊今西理論と養老理論との整合性について

さきに①村・共同体人間・社会と、②都市・資本主義人間・社会との区別・峻別を紹介した（一を分けて二とした）。その場合、「社会」とは何かをめぐって、今西錦司の理論と養老孟司の理論とが食い違っている視点があるので、この点を取り上げて、解決しておこう。私の結論は、両者には整合性がある、ということである。

まず最初に、今西は、「種社会」概念を提示した。種社会概念は、すべての生物には「種」という単位（まとまり）が存在するということである（人間なら、「ホモ科ホモ属サピエンス種」の「種」のことだが）。次に、この「種」は「社会」を形成しているということである。そうすると、単細胞生物からのすべての生物が「種の社会」＝「社会的存在」であるということになる。
この点について養老は、異議を唱えたのである。養老は、社会は人間にしかないものだ、というのである。その理由は、社会を作るのは人間の「脳だけ」であるというのである（養老『唯脳論』がある）。だから、人間のように発達した脳を持たない全生物なら、「社会はない」ということになる。人間の発達した脳だけが社会を作るのだから、養老は特に「脳化社会」と呼ぶのである（養老から見れば、今西の「植物にも社会がある」には到底賛同できないということになるだろう）。養老は、全生物には「種」はあるが、人間以外には「社会」はないといっているのである。
この両者の「異見」には、専門家でも、だれも解答を提示してはいないので、しようがないから、私が考えるところに従って、私の判断を示しておくことにする。今西理論を見ると、①全生物は「種の社会」を作っている。だから、種社会概念は全生物の一般概念である。②サピエンス「だけ」が、「文化」を持っているという。今西は、「文化の進化論」説を主張しているのである。養老には、この辺についての議論はない。③今西のサピエンス「だけ」という点を理由にして、サピエンスの種社会を、他の生物の種社会から区別し、切り離して見ることができる。④養老は、人間「だけ」が「脳化社会」を作るという。⑤今西は、人間「だけ」が「文化社会」を作るという。整理すると、
今西＝人間「だけ」が「文化」社会を作る
養老＝人間「だけ」が「脳化」社会を作る
となる（今西の場合、人間以外の生物には、種社会はあるが「文化社会」ならば存在しない、となる）。このよう

に整理できたのだから、問題点は、「文化＝脳化」という「等式」が成り立つかどうかである。解答はおのずから明らかで、「文化＝脳化」である。等式が成り立つのである。その理由は、文化は人間「だけ」の脳の思考物だからである。文化は「人間だけ」が持ち合わせていた能力だから、今西理論と養老理論とを統一すれば、

「文化社会は、脳化的文化社会である」

という結論になる。文化社会も、脳化社会も、人間の「脳の働き・機能」によって作られているのである。人間の「文化形成」は「脳機能」で裏付けされているのである。これで、今西理論と養老理論との「整合性」がつかまえられたではないか、ということになる（人間以外の生物の「社会」については、今西は在るといい、養老は無いといい、意見が一致しないままとなる。今後の宿題として残しておく）。

ここで今西理論について、あらためて一言しておこう。この点は、養老理論にはなかった部分なのであるが。それはすでに触れたのだが、今西の「文化社会論」には、単に社会学的な関心だけではなく、「進化論」を踏まえた上での社会概念なのだ、という点である。すなわち今西理論は、「文化の進化論」という進化論概念を主張していたのである。どういうことかというと、サピエンス種に到達した、そのサピエンス種もなおかつ他の全生物と同じく、①今でも「進化し続けている」のであり、②その場合「文化」を進化させるのだということである。つまり、進化論と社会論との統一理論なのである。

問題点を絞ると、①人間以外の生物が進化する場合には、自分の身体システム自体を作り替えるの

である（サカナの身体を作り直して、両生類の身体を作るなど）。②サピエンスが進化する場合には、身体は進化させないで＝身体は作り変えないで、「文化だけを進化・変化させる＝作り変える」のだ、というのである。文化の進化がほかでもなく、社会の進化なのである。つまり文化思考によって、「みずから一定の社会を作り、また、次の社会へと作り変える」のである。サピエンス出現からの十万年間の身体の基本となる仕組みはそのままで変化していない（二十万年間という人もいる）。しかし文化現象は、日々変化・進化しているのである。

できあがったサピエンス種（一般には人類）がさらに今後も「進化」する場合には、もう身体は変化・進化させなくてもよいというのである。身体の変化の「代替物」として「文化」を発明し、その文化が進化、変化し続けるのだ、というのである。今でも世の中が変動するというのは、文化が進化している、ということなのである。

今西進化論では、人間の「文化の進化」と、人間以外の生物の「身体の進化」とを「進化理論」として「統一的」に説明しようとしたのである。養老には、この辺の議論は見当たらない。読者は、どのように考えられますか。

＊自然と人工との峻別の理論から

それでは、「自然」世界＝村・共同体社会（狩猟、採集、漁労、牧畜、農業の社会）と、「人工」世界＝

都市・資本主義社会との峻別の本論に入ることにしよう。ここでは、大変に好都合なことがあるので、その点から、スタートすることにしよう。

都合がよいというのは、守田志郎（名城大学教授）が、この自然と人工との峻別に決定的なヒントを提示しているということである。この「峻別のヒント」の点では、守田志郎を越える理論は、私はいまだに見たことがないのである。守田には十数冊の著作があり、その中の一冊に『学問の方法』がある（農山漁村文化協会刊。守田の著作はみな、「農文協」から出ている）。ここに「ズバリ」の峻別のヒントが指摘されているのである。

守田はカリキュラムで言えば「農業経済学」の専攻である（東大農学部の出身。文科省の分類でいけば、理系人間となる）。彼は古島敏雄教授の愛弟子というところであり、現地主義的思考をしているのである。既存の理論やお偉《えら》方の理論だからといって従うこともないのである（東大の出身であるが、珍しく、学派とか派閥に属しない。一匹オオカミだ。だから、当時頂点に立っていた大塚久雄理論〈西洋経済史〉への批判などでは、忖度しないで徹底している）。農業経済学の「農業」とはそもそも何であるのかを、一軒一軒の農家に潜り込んで、自分の目で、耳で、舌で一点集中的に追い続けてきたのである。日本中を自分の足で歩きまわって、農耕者の事実をかき集めて、独自の理論立てをするという方法であった。

私は「自然と人工」とを峻別することに着目しているのだが、守田は「農業と工業」との峻別に着目しているのである。私の関心から見ると、守田の「農業」概念は私のいう「自然世界」概念に対応し、守田の「工業」概念は私のいう「人工世界」概念に対応しているのである。そういう点で、私には「好都合」に見えたのである。

守田の『学問の方法』の中の、その決定的な説明文を、長くはなるが引用しておこう。

「都会というものが、元来太陽を拒むという経済的なそして社会的な動機のうえになり立っていることにかかわっているという点は一層重要であろう（中略）自分の手で作った太陽拒絶の構造物（工場や高層オフィスビル、マンション、舗装道路等々一切の人工物のこと―荒木の注）、それが都会というものなので（中略）都市の構造が、元来そのように太陽拒絶的であるということは、その構造の基本骨格が工業に置かれていることによっているであろう。そしてそれは、工業がその生産活動の本性において太陽拒絶的であることに由来するわけで、好気的生物としての人間の生命の維持という人間の当然の欲求に関しては完全に負の記号をもって対立するわけである。そして、ついでながらつけくわえるならば、工業という生産活動はその本性において破壊活動だということが（中略）十分にあきらかなのである」（13〜14頁。この章のテーマは「幻影の市民」である）

私見をはさめば、都市は太陽光を拒絶する、という。その根拠は、工業が太陽拒絶型生産システムだという点にある。太陽拒絶型都市・社会であるのに、「市民」は、日照権が欲しいという幻想を持たざるを得ない人々なんだ、ということである。太陽拒絶社会が基本であるのに、日照権を主張するのは、市民の幻想なのである。「ないものねだり」なのである。資本主義社会では理論上も事実上も、日照権は排除されているのである。「日照権の排除」＝自然の否定が、「負の記号」ということである。「日陰で暮らす」のが論理必然だ、ということになる。

工場やオフィス・ビルディングは太陽光を遮る建築物だから、明るさが欲しければ太陽ではなく、人工的に電灯を使うことになる。特に農業は太陽光の下で生産するが、工業は工場という、屋根と壁でおおわれた建造物＝太陽光が当たらない構造物の中で生産する、という違いがある。工業生産物の生産では、特に太陽光がなければ生産できないというものではない。

また、高層マンションや超高層ビルが次々とできる。たとえば自然を求めて観光客が集まる絶景地・観光地には、二十階建てといった、大きなホテルができる。そうすれば、必ず大きな「日陰」ができる。この日陰になる所の田畑経営の農民は、田畑が日陰に見舞われて農業ができなくなる。ホテルは、田畑の日陰などは一つも配慮はしてくれないのである。これが、ホテルの加害事例の一つとなるのである。資本主義社会では、日陰を作るのは法律違反だとしたら、工場もホテルも作れない。資本主義が成り立たないのである。

「工業的な生産が太陽拒絶的に全うしうるという認識で強力に増殖がすすめられているとこれまで述べてきたのであるが、これは単なる妄想に過ぎない（中略）この驚くべき妄想は、まことにもって資本主義社会の所産なのだ、ということである（中略）この妄想は、太陽を拒むことが地球を拒むのと同義であることを忘れる過程で形成されているわけである」（前掲書、15頁）。

私見をはさめば、「妄想」は、工業が平野はもちろん、自然の山野を「破壊」して作られているのに破壊とは思わず、「開発」だと思っている点であろう。自然を破壊しては人間は生きられないのに（人間の身体は自然であるから、自然を破壊するということは、人間の身体を破壊することになる。これでは生きてはいけない）、開発だ、発展だ、進歩だというのは「妄想」に過ぎないのだということになる。「地球を拒む」という意味は、平野の「土」に生活の根拠を持つ農業を拒むということである。たとえば、工場は「土の上に」建設されるので、「土の中」とか、「土の性質」（肥えているか、水はけは良いか、酸性かアルカリか等々）は重要な問題ではない。地下工事でも、構造物が倒れないことしか考えない。農地なら、土質が悪いのは農業としては命取りとなる。なぜ、地球を拒む点を指摘しているかというと、農業がまさに「土を耕すこと」とか、「土を耕して、土の奥深くまで太陽光線を導く」ものであるから、農業は工業精神には反する。だから、農業―土―地球を否定してしまうのである。本来の自然を生かした農業を否定しなければ、工業、資本主義は成立しないのである。

都市では、土が見えるところはすべてアスファルトやコンクリートで覆うのである（土に蓋をする。太陽光を拒否する）。地球を拒まないということは、地球＝地面＝土＝農業を認めるということになるのである。しかし農業を認めるわけにはいかないから、土（農業の事）＝地球を拒み、それと同じ意識で太陽まで拒むのである。これを「妄想だ」といっているのであろう。そういう点では、工業は農業に対しては「加害者」そのものであり、農業は被害者そのものだという。加害者と被害者という点でも正反対であり、峻別点になるのである。

私の見る「人工人間」、「人工社会」は、守田を借りていえば、「地球＝太陽拒絶人間・社会」だということになる。これがまさに「都市・資本主義」の本質であるといってよいのである。いいかえれば、資本主義には「自然が存在しない、自然を捨てた人間・社会だ」ということができるであろう。

養老は、市街地を見れば、自然物はみな意図的・人工的に、計画的に、計算合理的に操作されている、という。たとえば、道路の並木は計算合理的に植え込まれ、計算合理的に枝刈りされ、計算合理的に伐採されるなど、自然の樹木としては存在できないのだという（並木の枝葉が電線に接触する場合、電線を移動させるのか、並木の枝を切るのかといえば、枝を切るのである）。また、自然の蛇行する河川は計算合理的にコンクリートを使い直線に改修されたりする。夜には並木等々にイルミネーションを明るく飾るのであるが、これが植物の生態には最悪なのである。都市人間からすれば、夜は暗くなければならないのである。「眠らない街＝新宿」などは、もってのほかなのである。イルミネーションは大きな魅力になる＝美観を充たすのである。自然を破壊しているのに、破壊には気がつかず、美しいと見ているのである。イルミネーションで植物が大いに迷惑しているという点については、「没・思考」なのである。都市民は、そういうことを知らないのだ。「知らない」ことが原因で、自然が破壊されていくのである。知っていれば、何とか手を打てるのである（ここでも、「無知は罪」なのだ）。

都市＝資本主義は「脳―思考」構図の、「自然に逆らう」自由思考面が百パーセントなのである。百パーセントというのは、何でもかんでも「意図的」に加工していくということである。「意図的」という点で、同じ思考をする現在の自然科学が待っていましたとばかりに、自然を破壊するのである（普通兵器も核兵器も、この仲間である）。有能な科学者だからこそ、積極的に核兵器を研究しているのだ。第二次大戦時、日本に核兵器を投下することにはアインシュタインも賛成していたのである。自然科学面では優れていたアインシュタインにしても、現実には殺人を許容するのである。もしも生きていれば、「3次元思考をせよ」といいたいところなのであるが。

その行き着く先が、ロボット（AI機器）が支配する世の中になるのであろう。もう人間はいない、という時代になるのかもしれない（私は、AI理論・機器の発展は、「人口過剰」から生じるデメリットの部分を解決するためであろうと見ている。百人程度の村では、AI機器などはなくても、生活に影響はない）。また、年々小学生の体力が弱体化しているのも、「自然」の健康身体思考を捨てている（否定している）ことのプロセスなのであろう。現在の小学生が六十歳になったら、「虚弱じいさん、ばあさん」が増えることであろう。この時に、もう虚弱化して早死にしても心配はいりませんよ、ロボットが穴埋めしてくれますよ、というのであろうか。あるいはまた、薬＝化学的人工物百パーセントのおかげで百歳までも生きるのであろうか（薬漬け）。生命も、薬で操作されるのである。これほど「人工的」なことはない。これこそ、資本主義ならば、理想的な方向であろう。

話を戻すと、農業なら、土そのものが生産のベースであり、土を「耕す」ことが農業の本質であるとするのである。太陽と土（地球）は、農民が生きていく上での宝物なのである。だから、農村では田も畑も、住宅も、人間も、家畜も、太陽で保証されていなければならないのである。これは、農民だけではない。生物ならそうなのである。農業は「太陽希求型人間」であり、「太陽希求型社会」である。生物としての「光本能が生かされている」という点では、「自然受容型社会」である。

「人工世界」人間・社会の食糧生産は、太陽も土も拒絶する。現在では、大きな二、三階建てのビルディング（資金があれば、さらに高層でもよい。ビルの内部には太陽光が当たらないから＝日陰だから、植物には電灯が必要になる）を作り、その中では今のところ蔬菜や果樹の栽培を工業方式・化学方式で生産している。太陽光は拒否してLED電球で照射する。光の七色を分けて、この蔬菜には赤色光を当て、この蔬菜には青色光を照射するというように、蔬菜の種類や成長過程に即して色分けをするのである。農水省も自然科学者も、こういうことを「科学的だからよい」というのである。

太陽光を直接に当てれば、工業的作物よりも「おいしい作物」ができるのに、科学者は、そういう発想はしないのである。科学的であることが一番よい、というのである。もしかして悪いことではないのかという発想は、ゼロである。

有機肥料や土は細菌が混じっているので、絶対に使わない（土は、各国家の税関では、持ち込み、持ち出しは禁止になっている）。そのために、工場の中は、「無菌室システム」になっているのである（この設備が、大変に高価なのだが）。通常は、殺菌水の水耕栽培である。菌を持ち込まないために、関係者も簡単には設備の中には入らない。すべてコンピューター制御にしている。肥料は全部、化成肥料の単品を使う（チッソ、リン酸、カリの水溶液）。

かつて中国では、石油のタンパク質を化学合成して、人工肉を作ったことがある。生きたブタやウシ、ニワトリ、サカナはもう必要ではないのである。ただし中国ではまだ研究・実用化レベルが低く、製品化には失敗した。しかし、今後の肉生産は、そのような化学の合成製品でよいのである。なぜなら、工業方式＝人工化だからである。日本では魚の人工養殖が盛んであるが、まだ工業生産方式には程遠い。家畜も魚も肉類は、化学元素を合成して、工業生産方式にすれば、行き届いた資本主義工業らしくなる。

どこそこのコシヒカリが、ブタが、ウシ、ニワトリがおいしいといった地域的な話は、昔物語になることであろう。マグロなどは、遠洋漁業で世界から集めてくるもの（採集）だということであった。しかし今では、養殖マグロが主流になりつつある（マグロのほかにも、多様な魚貝類が人工養殖されている。栃木県の山間部では、塩分の濃い温泉が湧き出ているので、これを利用してトラフグを養殖している。近々販売ができるらしい）。もう網を引いて魚を捕る時代ではないのだ。大間《おおま》の天然マグロが美味しいという話は、もう時代に遅れているのである。資本主義人間は、美味しいかどうかはどうでもよいのである。工業方式であればよいのであって、夏でも冬でも「まずいキュウリ」を「まずい」とは知らないで、食べているのである。自然農法の「うまい」作物を食べた経験のない人＝本ものの味を知らない人が、今では、人口の大半になったのだ。

工業生産方式は、農水省が奨励しているのである（研究する関係大学には、かなりの研究費が援助されている。自然農法への研究費などは、国家、役所、大学は思いもつかないのだ）。私がバイオテクノロジーの手ほどきを受けたときの設備＝九十センチ立法の無菌箱と付属の栽培設備でも、五百万円くらいはかかると聞いていた（一九九〇年代のころ）。だから、企業として工業化する場合には高額のため思うほどには普及していない。設備費用が高価すぎて、少数の大手企業しか手が出せないのである。

人工化社会は、計画的に、意図的に前進あるのみ、進歩あるのみ、利益あるのみであるから、自然思考からの批判には耳を傾けられず、ただただ人工化を深めていくしかない（資本主義の矛盾が深まるのだ)。人工化の手を休めたら、これからの資本主義自体が衰弱していくのである。IT機器、AI機器など情報機器の開発は、手を休めたらその企業はおしまいである。コロナ禍では部品が集まらないというだけで、手を休めるしかない。その影響で倒産している企業もあるではないか。人工化を進められなくなったら資本主義はおしまいなのである。資本主義＝人工化である。

都市・資本主義人間が「人工社会」を構築する場合には、工業生産を根拠とするということであった。工業＝人工生産方式＝産業であった。農業もまた、「第一次産業」というように、「農業」ではなく「産業」になったのである。人工的とは、自然発生的なものは一つもなく、すべて人間の「意図」により創り出すことをいう。

農水省も農協も、農民は自然農法はやめて、産業にせよ、というのが結論である。この手本は、アメリカにあったのである。ヨーロッパ農業は、特には農業大国であるフランス農業＝自然および農民の自主性を認める農業は、アメリカ式とは逆である。農水省、農協はフランスへと出かけ、フランス農業を参観した結果、あえて拒否したという経緯がある。アメリカ様様《さまさま》思考なのだからである。農水省、農協は、フランス方式＝自然を生かす農業は、人工的なアメリカ農業に比べて見れば「遅れている」、と判定したのである。太陽光で生活するのは遅れているのであり、エアコンで生活するのが進んでいるのである。

＊工業的＝人工的食料生産の現状

まず、現在当面している農業の変質＝工業化は、次のようになる。栽培には肥料が必要である。従来は、自家製の有機肥料・たい肥を使った。しかし、人工社会・工業からは、たい肥をやめろ、といわれる。金肥を買え、という。つまり、化成肥料を買わなければならないのである。買うことによって、肥料工業の資本主義経済が回るのである。それだけではない。農業は田畑を耕すのであるが、普通には、原動力は自分の資本・元手＝身体力と頭脳力による自家労働である。しかし工業からは、自家労働で耕すな、といわれるのである。耕運機を買え、田植え機を買えといわれるのである。稲刈りにも、コンバインを買えといわれるのである（現在では、狭い棚田でさえも、かなり機械化されている）。

守田志郎は、本来の農耕社会は、「生産と生活が一つだ」という。自給自足を見れば、自分の「生産」した生活物資を自分で「消費」するのだから、生産生活＝消費生活である（家計簿があれば足りる。最近の「地産地消」は地域的な自給自足に見えるのだが）。これを生産と生活が一つだ、というのである。しかし工業は、「生産」と「生活」が分裂しているのである。「生産」は自分の消費のためではなく、他人の「消費」のためである（コメ農家の中には、自家生産したコメを全部販売する。そして、自分のコメの販売価格よりも安価なコメを、市場で購入する。おかしな話だ）。家計簿のほかに、工業簿記と同様、農業簿記が必要になった。農業簿記が必要だということは、農民にも、「生産（簿記）」と「生活（家計簿）」を分離せよということなのである。他人の消費のために、農産物を生産せよ、つまり農産物を商品化せよ、産業化せよということである。その結果は、機械貧乏になった。

　また自然的農業は普通には、「多品種少量生産」であるが、それもやめろ、といわれるのである。だから、嬬恋村（群馬県）のように、キャベツの専業農家・一品かつ大量生産になるのである。八ヶ岳の南麓のJR小海線で長野県と山梨県との県境付近では、夏の終わりころにヒョウが降って、高原レタスが収穫直前に全滅した。専業農家だから、これで赤字になる。他には収入源がないからである。

　工業的農業は、コメの一品生産（コメ専業）と同じく、また嬬恋村のキャベツ一品生産と同じく、イチゴ一品生産、小松菜一品生産、トマト一品生産、キュウリ一品生産、ネギ一品生産、ジャガイモ一品生産、リンゴ一品生産、ブドウ一品生産等々である。一品かつ大量生産である。だから、豊作の時には価格が暴落するので販売はやめて、一部分は「捨てる」ことになる（豊作貧乏だ）。

　また、工業なら、季節に関係なく、年中生産し続ける。そこで、農業にも、無菌室工場はもちろん、ビニールハウスの中にも暖房設備を設置して、年中作物を栽培し続けるのである。石油燃料が安定して供給されるならよいが、突然にロシアとウクライナの戦争が挟まると、とたんに燃料費が上がり、貿易が混乱し、工業はもちろん農業も被害を受ける。工業的農業なら、戦争や自然災害があろうとも、生産には何一つ影響を受けないという保障が確保されていなければならないのである。このように戦争があろうとも、燃料には何ひとつ影響がないという保障の下でしか、人工農業は成功しないのである。現在ではすでに、種まきから収穫までのプロセスのほとんどが工業的になってしまっているのである。これで、本来の農業らしさ、自然型農業は排除されたのである。いいかえれば、自然は人工に切り替えられたのである。

成田国際空港の建設の場合は、次のようである。国と事業者は、成田市に国際空港を作ろうと思ったら、農民の存在は無視して、ここに空港を作るから農民は移動してくれというのである。農民が反対すれば、この土地の価格、相場は何円だから、土地相場にプラスアルファをつけてやるからいいではないか、というのである。まさに、商品交換、等価交換を主張するわけである。しかし、農民が反対する理由は、本質が違うのである。本質は、田畑の「良質な土質」にある。それを国や事業家は、全く理解をしないのである。

そもそも農業は「耕す」ことにあった。この土地が、普通に耕せること、つまり、耕していれば、作物が喜んでその土の中に根を張ってくれたのである。この普通に耕せる土にするまでには、先祖代々が百年以上もかけて豊かな土にしてきたのである（土作りが、農業の命でもある）。国や事業家は、「土作り」などは、資本主義の理論の中にはないから、知らないのである。ただ、等価交換をしていればよいと思っているのである（知らないことが罪なのだ）。

もしも百年間の土作りの価値を経済的に換算したら多額となり（百年分の農民の生活費と同じ額）、それを弁償したら空港などはとても作れたものではないほどの大金がかかるのである。農民は、百年分を払えというわけである。結局、成田国際空港は個人交渉ではラチが明かず（加えて、農民には学生運動も参加して、混乱に混乱を極めた）、権力により、強制排除となって終了した。まさに守田が言うように、国も事業家も加害者なのである。農民などは、野良犬、野良猫扱いなのだ。結局、本来の資本主義社会には自然型農業は存在できないのだ、もしあれば排除されるのである。人工型食料生産方式で突っ走るのだから、自然型食糧生産が消滅するのもしかたがない。

さらに、農民にとって最も身近な農業協同組合（農協）が、国や肥料企業、農薬企業、農機具企業の手先となって、農機具や肥料、農薬、農業施設を農民に無理やり買わせる担当をしていたわけである。さらには、農民のたくわえを、農協銀行に預金せよといわれる。農協銀行も資本主義の代表者になってしまったのである。もしも農協の指示に応じなければ、農協は実際に「村八分」を実行したのである。農協から農機具や施設、肥料を買わない農家には、国や農協からのいろんな制度上の援助でさえも拒否したのである。

工業式農業に賛成した工業的農民もまた、服従しない農民を村八分にした（二重の村八分だ）。農民が完全に分裂したのである。青森県のリンゴ農家では、ある農民が自然栽培（無農薬栽培）を開始したら、他のすべてのリンゴ農家が彼を村八分にした（リンゴの木は細菌に弱く、殺菌剤は絶対必要品だと「思いこんできた」のだ）。このある人は、十年間黙々と働き、村八分には耐え忍んだ。十年後には「自然栽培」に成功したのである。成功したとたんに、あっという間に、リンゴ農家が「自然栽培」に切り替えたのである。

この状況は、日本の科学者も同じやり方である。今西の「棲み分け理論」も、国内の生態学者の間では、村八分だった。欧米人が承認したとたんに、日本の学者も文科省も、今西をほめたたえたのである。文科省は、今西の「棲み分け理論」を教科書にまで載せるというサービスを行ったのである。

どうも日本人は「御しがたい」のである。科学者も一般人も、自分の頭で考えることができないのである。この性格は、黒船が入ってきたときにも表れていた。黒船に向けてやいのやいのと罵声を浴びせていたのに、アメリカ文明がすごいとわかると、とたんに手のひらを返して、アメリカ様様《さまさま》になったのと同じである。第二次大戦中では「鬼畜米英」であったが、敗戦後は「吉田茂首相」を筆頭にして「ノー」とはいわなくなった。アメリカ様様である。日本人は、この点では、曽我一族、聖徳太子の儒教、仏教様様以来と変わりがないようである。原点としてのアニミズム人間を引きずっているのであろう。

結局のところ、農民が気がついたときには、太陽希求型農業・自然受容型農業・本来の農業は廃止させられていたのである。最後の追い打ちは、「宅地並み課税」であった。田畑の課税分を、都市の宅地並みにかけるということである。この宅地並みの税金が払えないという農家は、もう考える余地もなく、田畑を手放してしまったのである（この時点〈一九七、八〇年代〉では、私は所沢市の半農家のアパートに住んでいた。この半農家は「もうだめですよ」といって田畑はすべて売り払ってしまった）。この田畑を大手の不動産企業が買い占めて、都市作り、団地作りなどをして、大きな利益をあげたのである。これを、国家、農水省は「町作り」などといって奨励していたのである。

世は上げて、資本主義＝人工化の深化を推し進めていたということが、よくわかることであろう。これが、自然と人工との峻別現象なのである。

第四の思考の順序――セオリーの析出

＊人類一般のセオリーの析出

資本主義のセオリーを析出したいということなのであるが、その前に、農民の共同主義であれ、都市・資本主義の私人主義であれ、両者に共通する「人間一般」という「万人自然のセオリー」＝「人類一般のセオリー」を析出しておかなければならない。人類のセオリーが、セオリーとしては大前提に据えられるのである。セオリーの中のセオリーという位置付けになるのである。

人類のセオリー析出には、２次元思考（違い）、３次元思考（同じ）をすることになる。

人類ないし万人は、他の生物に対して「考える葦」だという特質があった。さらには人間「だけ」が文化を持つという特質を備えていた（脳化的文化社会だ）。この特質は人類に「だけ」あるということで、人類の「共通点、一般性」でもあった。「大前提」の共通点は、現在の人類は一律に「サピエンスの自然身体の共通性」であった。イギリス人と日本人とは「個別具体的」には違った思考〈２次元思考〉をするのであるが、両者ともに共通してアウストラロピテクスの子孫であり、人間ならだれでもが（万人が）「文化思考」もしているのである（３次元思考）。この一般性・共通性は、「万人概念」（一概念）のところで見ておいた。それを根拠にして、人類一般の「セオリー」を確定しようということである。

今西錦司理論を想起すれば、同一種内の全個体の基本となる身体構造は同じだ、ということであった。いいかえれば、同一種（たとえばサピエンス）の全個体が種族を維持するための、基本となる身体構造は同じでなければならないのだ、ということでる。簡単にいえば、世界八十億人の顔が全部違うとしても、人種が違うとしても、人種はみな「子孫を維持できる」という同じ身体構造をしているということである。これを今西は、人間はみな身体システムが「同じ」に作られている、「甲乙がない」というのである（黒人を嫌うトランプ氏も、もしも黒人を奥さんにしていれば子孫はできるのである。二人の共通点となる）。

そういうわけで、人類のセオリーを析出する場合には、甲乙がない、例外がないという「サピエンス種」次元（一般には人類次元）に焦点を当てることになるのである。この「種」という単位の上に＝「自然世界」の上に、村・共同体社会の花も、都市・資本主義社会の花も、国家の花も咲いているのである。この人類＝サピエンスのセオリーを発見することになる（「人類の図」を参照）。

サピエンスは同一種なのであるから、サピエンスの全個人は、同一性、一律性、共通性、一般性の「立場」に置かれているということになる。セオリーとは、「立場」をきめることである。これを私なら、「万人がヨコ一線に並んでいる」という姿・状況を想像するのである。あるいは、万人が「同一平面」に置かれている姿を想像するのである（中根千枝教授の「ヨコ型社会」を想起せよ）。

万人がヨコ一線に並んでいる姿というものは、私ならさらに、競走で選手がスタートラインに「横一線に並んでいる姿」を想起するのである。選手たちは、スタートラインでは、個々人の特質は捨て

て、スタートラインという「同一の立場」に一律に置かれているのである。そこで、3次元思考＝まとめの思考をすれば、

人類の立場＝ヨコ一線＝平等の立場

だという結論になるのである。人類を構成する万人が、例外なく「ヨコ一線」に並んでいる姿を、私は、別名、「平等」と名付けてもよいであろうと、結論するのである（甲乙がない＝対等、平等）。人類の各人に見られる差異・特質は、このヨコ一線（3次元）という平等概念の下位次元（差異事項、2次元事項）となるのである。定義すれば、

人類のセオリー（原理）は平等である

と結論し、定義とするのである。人類は今後も、何か違和感、不和、対立、差別（支配・服従）等々の疑問が生じた時には、常に「人類＝万人の平等セオリー」（平等の立場）を原点・基準に据えて思考し、判断すればよいのである。たとえば、男女の不平等を感じた時には、まず最初には人類のセオリー＝万人の平等を想起して、議論すればよいのである。国家相互の対立の克服も、男女の対立の克服と同じ論理で＝「平等」論で扱えるのである。人類の平等次元は、サピエンスというベースにあるのである（さかのぼれば化石人類までの全部がベースだが）。

万人は一律に、例外なく平等であるから、たとえば、一人の人間に自由を承認する（与える）場合には、すべての人間に「等しく」自由を配分しなければならないのである。たとえば男に天皇の地位を与えるのであれば、等しく女にも天皇の地位を与えるのが、平等である。しかし、男女不平等制を

採用している、現在の天皇制度の天皇が、国民の象徴・シンボルなのだから、日本国民のすべての男女を不平等に扱うことは「理の当然」ということになるのである。天皇は象徴だから、国民は天皇の男女不平等制度に「右ならえ」をしなければならないのである。

次に、全員に平等を与える場合の裏返しとして、一人に不平等を配分する・与えるのであれば、全員に不平等を与えることが、平等である。

アリストテレスは、万人に一律に適用できる概念（セオリー）を「均分的正義」という言葉で表現した。また、たとえば男と女との違いに応じて、ある場合には女に、他の場合には男に、特別の立場を与えることに「合理性」のある場合には、これを「配分的正義」という言葉で表現した。たとえば「お茶の水女子大学」は男女平等に反するのではないか、が問題になった。当時はまだ男優先時代であったから、特に女性に配慮が必要だとして、大学に女子だけを配分するのは「配分に合理性がある」という判定で、合法だと見られていた。もしも男女平等制を原理原則とするのであれば、現在の男天皇制ならば配分に合理性がないので、憲法上は「違法」となるのである。天皇制のように、理論的に見れば矛盾する思考を平気でやり、矛盾を憲法にまで定めるという憲法学者や政治家が事実上日本を握っているのである。これでは、日本は「御しがたい国家」だという以外にはないのである（アニミズム思考がまだ、こういうところに生きているのだ）。ジェンダーフリー問題解決の、最後の難関は、象徴天皇制の男女不平等を突破できるか？である。

配分的正義は2次元事項であり、均分的正義は、3次元事項である。人類のセオリーは、そういう意味では、「均分的正義」＝3次元事項である。均分的正義は人類・サピエンス次元において「一般性、共通性」であるから、村・共同体人間の場合にも、都市・資本主義人間の場合にも、今後出現するであろう未来人間にも、すべての人類に適用ができる、最高度の「一般的な基準」となるのである。

＊村・共同体のセオリーの析出

人類のセオリー＝平等原理・セオリーを、狩猟民、採集民、漁労民、牧畜民、農民等々の村・共同体社会に適用して見よう。村・共同体社会の個々の構成メンバーにはみな、人類のセオリーとしての「平等」概念が適用されているのであろうか。そこで、人類のセオリーと村・共同体との関係を見ることになる。

私は、さきに見た人類のセオリーをベースとし、もしもこのベースの上に村・共同体社会を作っているとしたら、村・共同体は個々人を平等に扱っていると推理してもよいと、考えて見るのである（後に見るが、実は推理に反して、個々人は不平等だったのだが）。そのためには、ひとまず、今西錦司の「単独生活能力説」を踏まえるのである。これは、進化論とともに、社会科学者も事前に学習しておくべき自然論の点だ、ということである。

人間以外の全生物は、「単独生活能力」を備えているという学説である。たとえば、昆虫やウミガメなど多数の種類では、子どもが卵からふ化したときには、すでに親はいないのである。だから子どもは自力で生きていくしかないし、生きていけるのである。鳥類や哺乳類になると、昆虫のように子どもがみずから自力で生きていくという能力が減退するか、能力がなくなるのである（スズメの赤子は「赤はだか」であり、みずからの能力では生きられない）。ここに、親による「子育て」の問題が絡んでくる。それでも、大人になれば自力で生きるという単独生活能力を実現しているのである。

日本の自然の野生ザルを見れば、二、三十頭とか五、六十頭とかの群れを作っている。この群れが食事をする場合には、自分の食料は他のサルには決して依存していないということである。野生ザルが単独で生きるための、日々の食事の仕方はあまり知られていないのだが、一頭一頭は互いに相手には手の届かない距離を開けているのである。広い森林の中で、各サルがバラバラと散らばって食事をしているのである。これは互いに、自分の見つけた食料は他のサルに「分け与える」ことはしないのであり、また、「分けてもらう」こともしないということである（自分の身は自分で守っているのだ）。

一つのエサを互いに奪い合いをしないために、ソーシャル・ディスタンスを取っているのである（ソーシャル・ディスタンスは、「安全距離」と訳される）。各個体は互いに身体が触れないので、エサの奪い合いはしないで、平穏に食事ができるのである。これが、食料は他のサルに依存しないで、単独でエサを食べていけるという自然の姿なのである（単独能力）。この野生ザルのソーシャル・ディスタンスを証明したのは、今西最後の門弟である伊沢紘生である。

サル公園・動物園など人工設備内に置かれると自然界のソーシャル・ディスタンスが崩壊し、互いに相手の身体に接触してしまい、そこに人為的にエサが与えられると、食料の奪い合いが生じるのである。この場合には、強いもの勝ち、となる（人間の戦争も、事の性質は同じなのだが）。たとえば、高崎山（大分県）のサルは一日に一回食事が与えられるので、半野生ザルである。エサの提供時間では ソーシャル・ディスタンスは壊れてしまうので、激しい奪い合いが生じる。ニワトリでも同じ現象が生じる。「つつき」の現象という。ニワトリも放し飼いをすると、食料の奪い合いはしないのである。腹を満たすときには単独行動をとるのだが（食は、生きるか死ぬかの問題だ）、それ以外では平穏に集団を維持しているのである。

動物はみな自然界のソーシャル・ディスタンスによって、互いにエサの奪い合いを避けているのである。つまり、自分の食べ物は自分「単独」で解決しているのである。子がいったん巣離れしたら、母親だからといって、自分の子どもに、食料を分け与えることはしない。人間なら子が成人しても分け与えるのである。なぜか？（ここに人間だけの問題点がある）。人間以外の生物（動・植物）はみな、単独でも生きていけるのである。

人間が出現すると、この人間はみな＝万人は「単独生活能力を喪失」したと、今西はいうのである。人間は誰一人として、「単独＝一人」では生きていけなくなったのである。単独生活能力喪失の姿については、アドルフ・ポルトマンが、「能無しの赤ん坊」という表現で説明している（ポルトマン著『人間はどこまで動物か』岩波書店）。哺乳類や鳥類になると「子育て」問題が生じるので、単独生活能力を失ったような、単独性があるような、あいまいに見えるものがいろいろとある。しかし、どの種の動物でも、動物の赤子は母親の自由な単独行動を妨げることはないのである。母親は、赤子を置きっぱなしにして、単独で食事などに出かけることもできるのである。それに対して、人間の単独生活能力の喪失は明瞭なのである。つまり、「能無し」の赤ん坊を置きっぱなしにして出かけることはできないのである。

人間・サピエンスの場合には、常態として夫婦そろって赤子を育てることになったのである。なぜかというと、赤子が「単独生活能力」を喪失したためである。そこで、母親は付きっ切りの世話が必要になる。それで、母親の単独行動の時間を妨げるようになってしまったのである。もしも母親が外出するときならば、いつも赤子を連れて出かけるのである。サルの母親がいつも赤子を連れて出かけるのは人間と同じであるが、しかし、サルの赤子は母親の単独行動の自由は妨げてはいないのである。この点が、人間とは違う点である。

それは、サルの赤子には親に「しがみつく能力」があるからである。赤子でも「能無し」ではなく、「能あり」なのである。人間とサルとでは、赤子の能力に差異が生じたのである。サルの赤子が母親にしがみついているから、母親は、あたかも赤子がいないかのように、自由に行動ができる。つまり、母親の単独行動を妨げないのである。また、サルは一匹の赤子を育てるが、人間なら何年間もかけて子供を三、四人も育てるのである（戦時中なら五、六人は普通であり、さらには七、八人も育てたのだが）。こうなっては母親は、子育てに集中する以外にはないのである。

人間の赤子は、母親にしがみつく能力はゼロである（これを、「脳なし状態」という）。その点から、母親の方から赤子を常に抱くとか、おんぶするなどで、単独行動はずい分と妨げられているのである。

そういうことで、赤子は「単独生活能力を喪失」し、そのために母親とその夫は自分の「単独生活」を放棄し、夫婦は協力体制で「子育てをする」方を選んだのだと、今西はいうのである。

父、母、子の三人は最小限の組織・まとまりをなして生きることになった。このまとまりを「家族」と呼ぶのである。家族は、「自然世界」の話である。今西は、人間以外の動物にも、たとえば「コトリの家族」というい方をすることがある。人間以外の鳥類、哺乳類ならば、「子育ての時期」だけは家族形態を採用しているが、成長するのにつれて「単独生活」ができるから、人間のような「常態」としての家族は必要がないのである（家族といっても一時的なのである）。人間の家族は、自然発生的な親子「共同体」をなし、さらにこの血縁社会（本家や分家システム）をベースにした地縁社会＝村を形成して、全員が生きていけるようになったのである（嫁はよその村から入れることで地縁社会ができる）。

常態として家族を維持するか、しないかは、「種族の維持」の仕方が、次の三段階になっているのである。すなわち、①子育てしなくても、子どもは自分で生きていける段階、②子育て時期だけ家族が必要な段階、③子育てが終わっても、家族を解消しないで継続する段階の三段階があるのである。これが、進化の一定の方向性となっているのである（資本主義の理論には、この「種族維持論」〈家族論〉＝自然論は内在していない。次の資本主義論の項・122頁の「註」で議論する）。

以上のように人間特有の「単独生活能力の喪失」のために、村・共同体の形成に関していえば、この自然性の家族集団をベースとし、家族を村の基礎組織として村に取り込んで、完成形としては「地縁社会」を構成しているのである。そこで村・共同体では、成人の「個々人」は、何をするにも全員一緒の、全員一律の「協力行動」を起こすのである。個々人は成人しても「単独」では生活せず、村中心に（村を単位にして）集まっているのである。村・共同体を定義すれば、
村・共同体とは全員一律参加の行動共同体である
と定義するのである。村民の秩序は年功序列となり、その頂上が村長である。村長は「共同行動」の指揮命令の主体であり、個々人は服従の立場にある。もしも個々人に「自由」（個人主義）を与えれば、「勝手に行動したい」という自由人が出てくるだろう。そうすれば、村の力量は、村から抜け出した自由人の能力分だけ減少する。だから、結論としては、個々人には「個人主義＝個人の自由は与えられない」のである。個々人は、不自由人となる（村は、生産力の必要最小限の組織なのだ。一人でも抜けたら、村が成り立たないこともあるのだ）。

村・共同体では、個々人はみな「不自由」なのであるが、全員に「不自由」を与えているので、「不自由の平等性」を保証しているのである。一人に不自由をあたえるならば、全員に不自由を与えることで、全員を平等に扱うシステムとなる（配分的正義の論理だ）。これを、「間接的ながら平等だ」というのである。「主穀農業」以外の狩猟、採集、漁労、牧畜、雑穀農業段階では、間接的平等が普通なのである。

コムギ、コメ（主穀）農業だけは、狩猟、採集、漁労、牧畜、雑穀農業の村と違う点があるのである。この点は、注意した方がよい。主穀農業になると、生産力が向上する＝安定して余剰穀物が生じ

るのである。たとえば、一人でコムギを生産して生きていこうと思えば、できないことはない。しかし、衣食住のすべてを一人でこなさなければならないので、大変に不便なのである。もちろん一人ならば、種族維持はできないので、ただ一人の村を作ったところで、本人が死亡したら、村はおしまいである。村は必ず「地縁・地域」共同体でなければならないのである（嫁は他の村から入れるのは、血縁共同体の地縁共同体化である）。

特にコメ農業では、水田用水の共同利用が便利なので、共同体を組んでいるのである。日本、中国、東南アジアなどはみな共通であった。共同行動の代表事例が、全員参加で用水路を掘ることである。一人で掘るとしたら大変なのである。

温帯圏以北の普通のコムギ栽培なら自然の降雨量で栽培ができるから、村民が一斉に用水路を掘るなどの、協同作業は必要がない。個々の農家の独自性、自由性がかなりの程度存在し、水田農民に比べれば、独立意識もあるのである。強力な集団を組むこともないのである。一口に「共同体」といっても、コムギ共同体社会と、水田コメ共同体社会とのメカニズムでは、ずいぶんと性質が違うのである。両者を一緒くたには扱えないのである。コメ共同体では、封建制が長く続き、資本主義には移行しにくかったのである。それは、コメの性質にその理由があったのである。ヨーロッパの共同体には、コメ地域のような共同体、封建制はなかったというべきであろう。だから、「中世封建制」とはいえないのである。ヨーロッパの中世は封建制なのではなく、資本家が立派に存在していたのである。

大塚久雄は、コムギとコメの農業の実際＝共同体のメカニズムの差は知らなかったので、ヨーロッパのコムギ農業共同体の理論がそのまま日本のコメ農業共同体に適用ができると思い込み、適用してしまったのである。しかし、日本の農業共同体には「当てはまらなかった」のである。この違いを明確に区別し、明確に説明したのが、守田志郎だったのである。このコムギとコメとの違いも視野に入れた上での共通性、同一性（3次元）を発見すれば、世界の正しい共同体論が把握できるのである。

ここでは細かいことは守田に任せておいて、世界の一般的な村・共同体の定義をまとめておくことにする。そうすると、「個々の構成員全員に一律の参加を要請する」ということになるのである。この意味で、現在の私たちの立場から見れば、共同体の個々人は「不自由」だと見るのである。村・共同体は個々人としては不自由であるのだが、しかし、全員に「不」自由を与えたという意味では、村・共同体としては、村人全員を「平等」に扱っているのである。村人の各人は、不平等だという実感はないのである。この意味で、人類のセオリー＝「平等」概念が、直接には個人には適用されていないが、間接的には、平等が保証されているというのである。すなわち、

人類のセオリー＝万人の平等

村・共同体のセオリー＝個人の一律参加＝諸個人は不自由である―全員が不自由人だから「平等」であるということになる。命令者・村長の命令内容は村長が勝手に決めるのではなく、この場合でも「成人全員一律参加」の会議を開き、全員一致を原則としているのである（直接民主主義）。何をするにも、村の意思を決めるのも、全員一律参加となる。一律参加、直接民主主義が実現できるのは、何よりも村組織が小規模で、人口が少ないからである（この方式は、人口の多い資本主義に当てはまるはずがない）。

狩猟、採集、漁労、牧畜、雑穀農業の村からは、都市・資本主義は発生しないのである。それに対して、コムギ農業をベースにした古代ギリシャ、ローマ時代には、資本主義が「芽生えた」のである（後述）。古代ギリシャ、ローマ時代以後、近代資本主義が完成（産業革命）するまでは、成長しつつある都市・資本主義と、多様な村・共同体とは同時存在・並行状態を続けるのである。ヨーロッパではアジアのような共同体的性格は弱く、資本主義の方は順調に成長していたのである。アジアではコメ中心だから、領主制ないし地主制が表に出て目立っていたのである。アジアの資本主義方式は、領主制の陰に隠れて、目立たなかった。

ヨーロッパでは、中世、近代へと向かうのにつれて、資本主義は完成を目指し、村・共同体は衰退していくのである。中間期は、村・共同体の衰退が明瞭となり、逆に、実質的に都市・資本主義化が進むのである。また、農業を続けている「農民」の意識もまた近代化へと向いているのである。

私は、古代ギリシャ、ローマ以後資本主義の発展と並行している農業は、資本主義の視点から見て、「資本主義に対する不純物」だと判断をしているのである（私は、「不純物」という言葉を使い、「封建制」とはいわないのである。不純物にはその他に、戦争や奴隷制等々がある。後述）。

＊資本主義のセオリーの析出

まず、都市の出現から。セオリーの析出という「理論」思考の前提として、「事実」面を見ておこう（事実と理論との関係）。まずは、都市出現の「事実」は何だったのか、を見ておきたい（「都市＝実体の情報化」を目指している）。資本主義が発生するためには、主穀（コムギ、コメ）生産の村の存在が、不可避の前提になるということである。

通常は、最初の都市の出現はメソポタミア地域だ、といわれている。シュメール人が都市を作ったということである（エジプトについては後述）。メソポタミア地域のある種の「事実」が、都市形成にかかわっているのである。その事実というのは、チグリス、ユーフラテス川の中、下流域に、自然にコムギが生息していたという、「自然の事実」があったということである。世界のコムギ博士といわれた木原均教授は、コムギは「自然」にできたが、「野生種」＝野生のコムギというものは存在しないというのである。

木原は、コムギは、野生の、ある二種類のムギ類が「自然交配」をしてできた「自然交配種」だという（これは野生種とはいわないで、区別する。偶然といえば「偶然種」である）。そういう意味では珍しいものであり、コムギは世界中どこでも自然に棲息しているものではないので、特殊・貴重な植物なのである。ナイル川流域でも「野生のムギ類」はあったのであろうが、自然交配種のコムギはなかったのである。だから、いくらナイル川流域の人々が古くから生活していたとしても（ピラミッドが古くから作られ、有名であろうとも）、「本物の都市」形成は、メソポタミアからコムギが伝わって来てからのことになるのである。そういうわけで、本物の都市の出現は、メソポタミア地域だというのである。コメなら「野生種」がある。中国だけではなく、インドにもあるのである。コメは、あそこにもここにも生息していたのである。

メソポタミア人は、この自然のコムギが食べられることに気がつき、以後は、狩猟や採集生活をやめ、人為的にコムギの栽培をするのである。このコムギを栽培しているうちに、いつしか人が集まり出して、都市といわれるような社会形態を形成したのである。その形成者が、シュメール人だったということである。

都市の形成者は、ほかにもいた。それが、エジプト人や中国人である。エジプトはムギ栽培地域であるので、メソポタミヤ地域の延長と見て省略する。そこで異類の中国を見ておこう。中国は長江の中流域人間が、環濠都市を形成したということである（現在で言えば、武漢市近郊に環濠都市遺跡がある）。長江の中流地域は、コメの栽培地域であった。長江流域の、古代のコメ栽培事情については、上海市から成都市まで、日中共同研究班・梅原猛団長で詳細な調査が行われた。調査の結果、長江中流域で中国では最初の都市が出現したというのである。

最初の都市の出現は、黄河の流域ではない。黄河の流域ではコメは栽培できない。また、コムギもまだ伝わって来てはいなかった。雑穀・アワの栽培であった。コメがなかったのは、長江と違って、黄河は水田用水が不足だったからである。中国は、黄河文明・都市が発生する前に、長江文明・都市が発生していたというのが、共同研究班の結論＝新説となる。しかし習近平主席は、伝統史＝金貨玉条の「黄河文明教科書」を書き変える気はゼロなのである。確かに「書き変えれば」、南方・長江文明人たちは「ただでは置かない」という、共産党の主導権獲得の混乱が生じるかも知れないのである。

習近平体制は「外」には強力であろうが、「国内」では国民の統一性は何もなくバラバラで、中国は常に「内部から」崩壊する危険性をはらんでいるのである。本来の統治体制としては、弱小体制なのである。

黄河の場合、水源＝チベット高原の冬の氷雪が解けて流れてしまえば、その後の黄河は干上がるのである。黄河の流域では梅雨がかからないので、コメの成長期には水が足りないのである。黄河の水源の水が尽きると、次のシーズンまでは水が流れないのである。

古代の黄河流域＝北方中国は「アワ」（雑穀）の栽培地域であった。だから古代では、南方のコメ文化に対して、北方はアワ文化といわれるのである。今でも、北方中国人は、朝食では「アワがゆ」を好むであろう（私も、「アワがゆ」は好物だった。南方中国人は、「アワがゆ」などは知る由もないのだ。中国の「南、北」の境界線については、拙著『中国三千年の裏技』社会評論社を参照）。紀元前の黄河流域の人たちは、周辺からの侵略を防いだり、「中原に牡鹿を争っていた」けれども、それは「主穀」栽培による本物の都市を形成していたということではない。孔子は、アワ文化＝不安定な「雑穀」文化の上の、いわば都市の卵を見て、「都市論」を論じていたということになるであろうか。孔子の後輩である孟子は、孔子に反してまだ、「農本主義」を論じていたのである。

紀元前後のころインダス川を遡上し、ヒマラヤ山脈のラダック村を越え、チベットを経由して、コムギ（主穀）が黄河の流域にまで伝わってくると、ようやく本物の都市ができるのである。その都市の代表的なリーダーが秦の始皇帝であろう（前二〇〇年頃）。始皇帝以後の中国には、コメ文化都市

（南方）とコムギ文化都市（北方）との、二種類の都市ができたのである。中国では、コメ文化人間とコムギ文化人間とでは、民族の違い、思考の違い、文化の違い（南・北地域適応の違い）があったのである（「漢民族」という統一民族は一度も存在したことはない。多様な民族が散らばっていただけである）。典型は、言葉が違い、南・北人では会話もできなかった。だから南方地域を征服した秦の始皇帝は、最初には、南方人に対して北方語を強制したのである。この北方語を、今では「漢語」（通称は北京語）と呼んでいる（だから、漢民族はいないが、「漢語族」なら存在しているといえる）。国家の運営でもまだ、北方勢力が優勢なのだ。毛沢東や鄧小平自身は南方に生まれ育ったが、二千年も昔の先祖は「中原に牡鹿を争っていた」のである。しかし敗北して南方へと逃げ延びた人たちの子孫なのである。

こうして世界では、コムギとコメの二種類（主穀）を栽培するようになった地域で都市が形成されたのである。これが、「事実」としてあった出来事である。

次に、都市人間が経済的に生きる方法として、農業から足を洗って、資本主義的生産・販売といわれる新規の方式を「発明」するのである。「事実上」の都市ができあがる場合には、この都市人間は飯を食う（経済生活をする）ために、資本主義システムを発明するのである。資本主義方式以外には方法がなかったのである。だから一般には、「都市＝資本主義」というように、イコールが成り立つのである（共同体は、「村＝共同体」というイコールが成り立つ。村の中では、決して都市はできないのである。都市は、村の外にできるのである。だから、「村」と「都市」とが「対立ないし対置概念」を示すのだ）。「都市」があれば経済は「資本主義」なのであり、「資本主義」であれば必ず「都市」が存在するのである。

この「都市＝資本主義」の形式を早くに整えたのが、古代ギリシャであり、ローマだということである。メソポタミア地域は、せっかくのコムギ栽培＝都市の発祥地ではあるとしても、土地は塩分が濃いので、麦畑に用水をかけているうちに塩分が濃縮されるので、畑の作り替えなどが必要であり、順調に余剰コムギが保証されないのである（塩分の除去では今でも苦労をしているという）。つまり、未完成というか未発達のままの都市なのである（これでは、都市の手本にはならない）。

＊都市＝資本主義形成の「事実」としてのプロセス

さらに、「事実」を追いかけていこう。そこで、なぜ人々がコムギ、コメを栽培すると都市が「事実」としてできるのかを、ざっと見ておこう。コムギとコメの二種類を「主穀」という（アワ、キビ、ヒエ、ソバなどは雑穀という）。

まずは、採集民や狩猟民が採集や狩猟をやめて、コムギやコメを栽培するようになったことである。ここに、かつてなかった「農民」概念が「世界史」という歴史にはじめて登場するのである。

註　日本の古代の農業はサトイモ中心に展開されたと、中尾佐助教授は主張する（「照葉樹林文化論」の提唱者としても、よく知られている）。その後に大陸からコメの栽培が伝わった。中尾は、サトイモ食で日本人の味覚が「粘る食品」に慣れていたから、コメが伝わると「粘るコメ」を受け入れたという。粘りのないインド米は、拒否したのである（納豆も大陸の発明品であるが、「粘る食品」として、日本人は受け入れた）。中国の粘るコメの学名は、オリザ・サチバ・ジャポニカという。長江流域で栽培されていたのに、学名は日本名がついているのも、おかしな話であろう。学名の命名権は、新種の発見者に与えられているためである。だから、命名権の取得が魅力で、新種発見のマニアが続出するのである。毎日のように世界のどこかで、新種発見か⁉という話が後を絶たないのである。

主穀を栽培するとれっきとした、安定した生活ができる農民になれるのである。だから主穀をめぐって、時の権力者は、主穀の支配権を争い奪うのである。そこで、支配権者＝一般的表現では領主が出現するのである（領主の見本はイギリスにあった）。領主の領地内には、複数の農村を含んでいたのである。ただし、領主の本職は「事業家」（資本家）である。領主は事業・商売をするときには、ロンドン・シティを足場にしていたのである。つまり、資本家と領主の二重生活だったのである。日本なら将軍、守護、地頭、殿様などが領主であり、二重性はなかった。信長は「楽市楽座」を作り商業を奨励したが、信長は資本家ではなかった。領主一本だ。そういう違いがある。ここに、封建制が長引くのだ（信長が領主であると同時に工業の社長であれば、封建制は短縮されたことであろうが）。

農村にコムギやコメの「余剰」が生じると、農村の周辺に都市ができるのである。決め手は、「余剰」である。都市および資本主義は、安定した「余剰穀物」のない農村からは、発生しない。狩猟、採集、漁労、牧畜、雑穀農業の村では「余剰穀物」の保証がないから、都市は形成されないのである。

その都市形成の事実上のプロセスを見ておこう。まず、主穀を栽培すると、収穫に「余剰」が生じるのである。たとえば十人の村で、十人全員が共同してコムギ、あるいはコメを栽培したら、事実上十三人分の収穫が安定して生じるのである。この三人分の収穫が余剰穀物である。そこで、次年度には、三人は農作業に参加しないで、七人で農作業をしても、村の十人分の食料は足りるのである。そうすると、三人の余剰人口が生じるということになる。余剰穀物生産が余剰人口を生み出したのである。都市・資本主義出現には、村に生じる「余剰人口」という条件が「決め手」＝キーワードとなるのである（余剰人口が生じなければ村のままであり、都市ができる余地はない）。この余剰人口は村では必要がないので、やがて村から「はみ出していく」のである。この「はみ出し者」が、これまでにはなかった新規の「都市」というものを作ることになるのである（「はみ出し者」という言葉は、守田志郎の言葉である）。

細かく見れば、余剰人口はその村の生産力を押し上げ、村の規模を拡大することになる。あるいは、余剰人口は生まれた村を出て、新規に田や畑を開墾して（日本なら新田開発）、農村が増加していく。村は大きくなり、また、村の数が増加する。全体として人口も増加する。しかし、村がたくさん増加して新規の開拓地がなくなってくると、余剰人口は村から「はみ出し」て、村ではなく、村とは異質の、新規の居住地域（たとえば町。一般には都市）を作るようになるのである。

さて「はみ出し者」の特徴はといえば、農業＝「自然世界＝村・共同体」からは「足を洗う」ということである。脱自然＝世界史上はじめての「人工人間」の出現となるのである。農村からはみ出したその日からは、もう、農民（自然人間）ではなくなるのである。人工人間になる（村社会―対―人工社会との違い＝2次元事項が生じた）。「はみ出し者よ、どこへ行く」ということになる。というのも、どこを見渡しても農村以外の生活可能な居住地＝町とか街などはまだ、何一つとして形成されていないからである。都市は、余剰人口がこれから創出するのである。

農業から足を洗ったということは、食料生産＝自然から足を洗ったということになる。「はみ出し者」は、さしあたりは無一文の状態になる。はみ出したその日から、何をして飯を食えばよいのだろうか、ということになる。ホームレスとなる。さしあたりは、実家や近所の農家の援助で、生きるしかない（生きることが目的だ。死んでもよいと思えば、悩みは何もない）。うまくいけば、実家なり近所の農家の手伝いをして、手伝いの日当をメシと交換するしかない。次第に、農民が必要とする何らかのもの、たとえば日本なら、わらじ、布、鍋・釜、包丁、鎌、鍬等々を手作りしたり、大工になったりして、農民の食料と交換する以外にはない。

はみ出し者は「生きる」ためには、まず、「もの作り」＝「手作り職人」＝何らかの生活物資の「生産者」となるしかないのである。交換可能な物資を生産することになる。最初のはみ出し人間（やがて都市人間になる）は、経済上は職人＝「生産者」となるのである。現在の資本主義の「生産者の原点」となる。初期の段階では、生産者＝製品の私的「所有者」＝「販売者」となる。自分で作って、自分で販売する。生産力が「発展」すると、生産と販売が分離してきて、生産専門（メーカー）と販売専門（商人）として分かれるのである。

もともと農民は、衣食住に関する一切の仕事を成し遂げてきたのである（自給自足）。農民の一切の仕事に対して、「はみ出し者」は、農民の一切の仕事の、その一つ一つを次々と「自分の生産分野」

として引き受けていくのである。農民から見れば、食料生産以外の仕事は、一つ一つと「はみ出し者」に奪い取られていく。農民と「はみ出し者」との分業が始まるのである。ついに、農民は食料生産だけの専門家となり、「はみ出し者」は食料以外のすべての仕事を担当するようになるのである（分業が明瞭となる）。農村は、このようにして、職人＝生産者（資本主義の元）を生み出したのである。結局コメ、コムギ農村は、将来の都市および資本主義の「生みの母」となるのである（村と都市との分裂と対立概念は、ここから出てくる）。

農村の余剰人口＝「はみ出した職人」が、将来、都市といわれるような社会組織を作るのである。都市を作り出す職人・生産者は、自分の持てる「能力だけ」が頼りである（各人の能力＝「身体力と頭脳力」＝生きる元手＝私的資本＝実質現実という。後述）。たとえば、これまで農民が自分で鎌を作っていたものを、今度は「はみ出し職人」が鎌を作ることになる。はみ出す前に、親たちが作っているのを見聞はしていたことであろう。親に教えてもらいながら、鎌を作る。これを、食料と交換することになる。職人は、自分の能力で作った「製品」と、「食料」との「物々交換」をすることになる。ここに、不十分・未完成ではあるが、最初の「交換システム」が発生するのである。「交換が可能」になると、職人も「みずからの能力で生きていける」ようになるのである（交換能力＝生きる能力。農民依存から脱出し、生産能力を根拠にして独り立ちする。自主独立できる）。この次元の職人は、都市形成への離陸も真近かに迫ってきているのである（まもなく都市人間となるのである）。

職人の製品・交換物には、職人の能力＝個人の生ける資本＝「身体力と頭脳力」が「乗り移っている」＝「転換している」＝「結晶している」のである。職人の腕前（能力）が鎌に「乗り移った」ときに、鎌に「付加価値をつけた」というのである。この付加価値を生み出す能力は、その職人「だけ」が身に着けている能力＝身体力と頭脳力だという意味で、「私的性質」と名付けるのである。「私的」というのは、自分「だけ」の能力という意味である（「〜だけ」を、オール・オア・ナッシングの論理という）。私的性質は、現在の近代民法の私的所有権の原点となるのである（後述）。

他の職人が同じく鎌を作っても、その鎌はその作者だけの能力が投影されているのである（他の職人の私的性質だ）。すべての「はみ出し者」＝職人＝生産者には、各人ごとに「製品の上には自分の私的性質」が実現しているのである。この「私的性質」が実現している製品を「私的所有物」（私的所有権の始まり）というのである。それは、理論的にいえば、「はじめに所有在りき」といってもよいのである。「所有」が基礎になる。近代民法の「基礎」は、この「私的所有」から開始するのだ（契約から開始するのではない。理論形成にも、順序というものがある。第一には所有、第二には交換＝契約という、順序があるのだ）。

「はみ出し者」から見れば、「はじめに私的所有ありき」である。この自己生産した所有物を、次には、交換に出すことになる。こうして、生産（所有）と交換（契約）が一体のもの（ワンセット）になるのである。所有なければ交換なしという。所有物があるから、交換が可能である。所有が基点・根拠となり、交換＝契約を実現していく。ここまでは、資本主義の「夜明け前」の話である。

次に、資本主義らしい資本主義が出現するプロセスを見ていこう。この私的生産物＝所有物が農民の食糧との交換とは別に、はみ出し者＝私的所有者の「相互間で交換される」ようになると、本物の「資本主義が開始する」のである（職人＝人工人間＝生産者相互の私的生産物＝商品の交換）。生産者と他の生産者とが、生産物を交換し合う（農民は含まれない）。ここに、資本主義の核が出現するのである。

これが、古代ギリシャ、ローマの「古代型」資本主義なのである。この資本主義が完成するのが、イギリスの産業革命なのである。古代型資本主義は、イギリスの産業革命のルーツなのである。いきなり近代に資本主義が出現することなどは、あり得ないのである。ちょうど、母親からいきなり大人が生まれ出ることはなく、最初は「赤子」として生まれ、年数をかけて大人になっていくのと、同じことなのである。古代資本主義は、赤子にたとえられてもよいのである（アナロジー）。

古代ギリシャでは、たとえば鉄職人の鉄の「販売」と、鎌職人の、その鉄の「購入」との、「鉄の販売—購入（交換＝契約）」が行われるようになり、初期的現象ではあるが（赤子のようではあるが）「固有の意味での、資本主義的交換社会」ができあがるのである。ここに、「資本主義の核」ができたというのである。あたかも細胞ができあがるときには、細胞核ができあがるのと同じ見かたである（アナロジー）。

誰もが「他人のために」生産するのだから、必ず他人と交換しなければならないのである（交換の不可避性、必然性）。他人の消費のために生産する場合の製品を「商品」と名付けるのである。農民の生産物は自分の消費のための生産であるから、農産物は「商品」とは呼べないのである。つまり、①私的生産と、②私的所有物の相互交換との、①と②が両立した時に、「資本主義が確立する」のである。

この資本主義的生産者＝交換者たちの社会的集合体を「都市」といい、経済面では「資本主義」というのである。「都市＝資本主義」のイコールが成り立ったではないか。都市には、農民は一人もいないのである。だから念のために、正確に表現するには、共同体には必ず「村」という接頭語をつけ、資本主義には必ず「都市」という接頭語をつけて、違いを自覚するのがよいのである。資本主義論を知るには、経済論と同等に、都市論も知らなければならないのである。

すべての職人・生産者は、まずは、私的な「そもそもの資本」の私的所有者である。次に、「そもその資本」＝持って生まれた能力＝資本＝元手が、資本主義の「資本」に転化していくのである。都市というものは、その構成メンバーのすべて＝国民が私的所有権者「一色」になるのである。この「一色」状態を、「全社会的規模に普及した」と表現する。全社会的規模（どこもかしこも）で「私的所有者」が存在している場合、私的所有を社会の事実上の「制度」（ルール）と決定するのである。こうして、「資本主義社会＝私的所有権者の社会」が完成するのである。

＊資本主義固有の論理＝「純物」に対する「不純物」について

さきに、古代ギリシャ、ローマ時代には、資本主義が芽生えたことを指摘しておいた。この資本主義は、たとえていえば、乳幼児のようなものである。これからじわじわと成長し、産業革命をもって

「完成」とするのである。この完成までの間には、都市・資本主義と村・共同体（コムギ農業）とが共存し、並行していくのである。都市・資本主義は発展に向かうのだが、この農業は「自然農業」としては衰退に向かうのである。農業も徐々に工業化するのである。

これまでの経済史論者、世界史論者は、徐々に衰退する農業を見て、「中世封建制」と見たのであろう。私は、これを資本主義に対する「不純物」だと指摘したのである。ここではさらに、典型的な不純物を取り上げておこうということである。まずは、私の資本主義の発生および展開図を示しておくことにしよう。それは、

資本主義の発生期（古代）―発展期（中間期）―完成期（近代・産業革命）

である。この図の特徴は、①資本主義は古代に発生したということ、②中世は「発展期・中間期」としたことである。世界史の常識では、古代の次には中世という「一時代」があり、その内容は「封建制」だとする。私は、古代の次は近代とするのである（そのプロセスを中間期として見たのである）。古代から近代までは、一貫して「資本主義」一本の時代だとするのである（「発生―発展―完成」の一筋・一本の思考だ）。そうすると、発展期・中間期は、不純物＝農業共同体の存在が資本主義理論から追放されていくプロセス＝資本主義が完成へと向かう期間だということになるのである。

ここでの結論は、中世という「独立の時代」は存在しないし、ヨーロッパ（コムギ地帯）ならばすでに古代には都市が出現し、かつ、資本家が出現しているので、「封建制」はないのだという主張である。ヨーロッパは、封建制＝領主制は基本的な存在ではないのである。都市（たとえばロンドンシ

ティ）では資本家が事業を経営しており、この事業家・社長の中には「農村部」では「領主」の役も兼ねていたのである。中世の皇帝、貴族はみな、資産家なのである。

歴史学者は、古代ギリシャ、ローマ時代に資本主義が芽生えたことには、気がついていなかったのであろう。いわゆる古代、中世でも農業が存在していたから、農業や領主に目を奪われ、封建制を感じ取ったのではないかと思われる。工業化議論には特に遅れていたドイツからマルクスが出現し、マルクスは「機械工業化」こそが資本主義だと思い込んだから、古代での資本主義の「芽生え」には気がつかなかったと、私は勘ぐるのである。日本では大塚久雄が、マルクスの「二番煎じ」をしたものだから、多くの経済学者は資本主義は「産業革命に発生した」と思い込んだのである。

そこで私は、歴史学者や経済学者の間違いを指摘することになる。すなわち古代から近代まで並立してきた村・共同体＝農業は、やがて資本主義の発展につれて消滅していく運命にあるのであり、これを発展する資本主義から見て「不純物」だと命名したのである。さらに、古代ならば不純物はまだほかにもたくさんあるのだから、それを指摘しておこう。

古代における典型的な不純物は、奴隷制度である。古代の奴隷の発生原因は、戦争だったのである。勝利国は敗北国の都市民（一般には「市民」という）を全員奴隷にすることが慣習になっていたのである。世界史論者は、古代ギリシャには民主主義が実行されていたとか、古代ギリシャは都市であり、都市民（簡単には、市民という）社会であるという。それでは、都市があるのに、なぜ資本主義については議論をしないのだろうか（私は、都市＝資本主義とする）。また民主主義が出現したのに、中世になると封建制だという。おかしくはないのか。

民主主義の実施と、奴隷制度の存在という「矛盾した事態」を、世界史論者はいったい何と把握しているのだろうか。論者たちの思考矛盾は、ヨーロッパ地域は「コムギ文明がものをいってきた」ことを、小学生時代から何一つ学習していなったためであろう。

この時代の都市は、城壁（要塞）都市である。市民は城壁内で、手工業（武器、兵器も作る）や商業を営んでいたのである。城壁外では、農民が農業を営んでいたのである。農民もまた、常にどこかの都市・市民に服従して農産物を生産していたのである。

たとえば、古代ギリシャ時代には、ギリシャとスパルタとがよく戦争をしていた。勝利国・都市民は、敗北国の都市民を全部奴隷にした。敗北国の上級市民は、勝利国の家庭教師などをしたり、中級市民は職人になったり、下級市民は最下位の仕事をする。高級女子は家政婦になったり、中・下流の女子は売春婦に強要され、公設市場で売買されたりしていた。これが奴隷制度の一例である。農民は城壁の外に置かれていたから奴隷制度の犠牲にならなかったとしても、はじめから市民には組み入れてはもらえなかったのである。農民は、準奴隷のようなものである。そういう点では、古代の都市・国家は、資本主義の論理に反する要素が多様に存在し、注意して見ていなければ、資本主義が芽生えていたという発見は見逃してしまうことであろう。そこで一度明確に、産業革命＝近代資本主義のルーツを一つ一つ掘り起こして見ればよい。確実に過去へと追及していけば、古代ギリシャ時代にたどり着くことがわかるのである。

もう一度私の歴史の構図を、今度は全体的に示すと、次のようである。

発生期（古代資本主義）―中間期（発展期、イスラム文明も交流する）―完成期（産業革命・近代資本主義）―傾き（資本主義の矛盾の露呈＝現在の姿）―衰退―消滅

ということになる（「人類の図」参照）。水田コメ生産地域では、それなりの特質があったのである。特に日本のような、外国からの完全制服により打ちのめされた経験のない島国では、将軍は封建制を実施、持続できたのである。「封建」は、『封＝「土地」に着目して、国を「建てる」』のである。将軍が存在する裏付けは、土地（農地）の領主制度である。将軍＝領主制度が、工業の発達を妨げていたのである。しかし、手工業は確実に発達はしていたのである。鉄処理・武器・刀の製造能力は高度に達していたのである。木工分野も、発達していたのである。しかし、資本主義化が表に出るのは遅れたのである。織田信長が楽市楽座制度を奨励したときに、自分自身が商売の社長になっていたならば、封建制は信長の時代に消滅したことであろう。結局、欧米のシステムが入り込む明治時代以前は（江戸時代の終了までは）、日本の資本主義は表面には出なかったのである。しかし、いわゆる下準備は存在していたから、明治になると、急激に花が咲いたのである。

東南アジアのコメ生産地域では、日本によく似ているのである。地主制度が強固であり、農民のほとんどが小作だったのである（特に日本の地主制度については、守田志郎が詳しい）。中国では、南方のコメ文化地帯は、北方のコムギ文化＝権力に覆われてしまい、日本のような封建制は表面には出ないで、むしろヨーロッパ的な性格＝皇帝官僚制度が強固に支配したのである。ヨーロッパの皇帝は事業家で

あり、国一番の資産家であり、兵士はみな労働者と同じく、対価をもらって採用された「私兵」なのである。中国ならば、皇帝はヨーロッパのような事業家にはならず、権力の権化＝独裁者になったのである（習近平主席も同じ）。

ヨーロッパでは結局、古代、中世といわれてきた時代は、封建制とは呼べないのであるから、資本主義に反する戦争、奴隷制度、村・農業部分はいったい何と呼べばよいのであろうか。私は、世界史・人間史の発想自体をスカッと新規の思考法に切り替えることを主張しており、頭を切り替えた時に、私は「不純物」だという言葉がいちばんよいとしたのである（他によい言葉があれば、それでもいいのだが）。以上が、私の「資本主義発生史論」ということになる。

＊資本主義の「経済システム」理論から

最初に、資本主義経済システム理論を指摘しておく。理論上の定義は、資本主義経済とは「付加価値生産システム」であるということである。拙著『万人が使える科学の新定義』（社会評論社）では、この付加価値生産システムを詳しく「円形図」で可視化、見える化しておいた（円形図は、現在の経済学の専門家でも誰一人として提起・指摘していない。「人間―脳―思考」の構図とともに、私の独断である。ご理解を乞う）。

「付加価値生産システム」というのは、生産するごとに経済価値量が増殖していくというシステムである。付加価値生産システムは資本主義の基本となる理論・情報であるから、資本主義がスタートしてから消滅するまでの間は、不滅の、不変の、普遍的な法則となる。この法則が通用しなくなったら、もう資本主義ではないということになる。古代には古代なりのレベルだが「付加価値生産システム」は存在したのである。中世は中世なりのレベルだが「付加価値生産システム」があったのである。そして産業革命により、「付加価値生産システム」は完成したのである。だから、古代から産業革命までは一貫して「付加価値生産システム」は存在し、それが発展し続け、完成していくのである。

システムとは、構造と機能があるものであった。たとえばアナログ時計は、文字盤と針で構成されている。文字盤を「構造」という（静止系）。針の動きを「機能」という（動く、運動系）。付加価値生産システムでは、資本に①構造と、②機能との二面性があるのである。資本の運動は、アナログ時計の針と同じく、「円運動を描いている」のである（念のため、資本の円形図を示しておいた）。

資本が具体的に動く、運動する側面を、付加価値生産システムの「機能」（運動系）という。それに対して、マルクスが「G—W—G'」と表記した図式は、付加価値生産システムの「構造」（静止系）なのである。この構造は、マルクスが解明してくれた理論である。資本主義「経済理論」上の、貴重な発明品ではないだろうか。アメリカなら、「プラグマティズム哲学」が支配的であったから、マルクス主義＝階級社会などは、頭っから否定していたのである。プラグマ哲学には、資本主義の構造論といった関心・発想はなかったのである。

資本の回路図

付加価値生産システムの「G—W—G'」という構造を解剖して見よう。資本の運動は、最初のG（貨幣資本）が動いて（商品を購入して）、W（原材料や労働力という商品）に姿を変える。次にWが動いて（市場で販売されて）G'に姿を変え、ダッシュという付加価値を手にすることになる（儲かった、ということになる）。次にまたこのGが動いてW—G'とし、また付加価値を手に入れる。資本主義はそのように資本が機能し続け、生き伸びるのである。

注意点は、なぜWにダッシュがないのに、Gにダッシュが付加されているのか、という点である。W≠G'（WはG'にあらず）なのである。WとG'とは等価ではない。不等価である。不等価だから交換はできないはずなのである。

マルクスはなぜ、G—W—G'という構図を描いたのであろうか。それは別に、マルクスが間違った思考をしていたわけではないのである。すなわち、その公式には表現されてはいないが、WとG'との間には「生産過程」が挟まっていたのである。そうすると、G—W｛P・生産過程（原材料＋労働力）｝＝W'—G'となるのである。この生産過程内では、WをW'にするというマジックが行われていたのである。マジックとは、原材料に労働能力の「価値を付け加える＝付加する」プロセスだったのである。生産過程でWに付加価値・ダッシュが実現したのでW'となり、W'は市場で交換されて、G'を手に入れたのである。これで、等価交換が実現したのである。

問題は、なぜ資本の運動では生産過程が省略されていたのか、である。それは、生産過程は資本の所有者の「わたしごと」つまりプライベートな事項だからである。わかりやすくいえば、たとえば、私がスーパーで買ってきた肉（W）を、自宅でカツにするか、それともステーキにするか（生産、加工）は「わたしごと」であり、私の勝手であり、いちいち国民に公表する必要はないということである。これと同じく、企業が購入した商品は自分の「私的な」所有物なので、購入品を消費するかしないか、あるいは、どのように消費するかは、企業の勝手であり、いちいち国民に公表する必要はないのである。生産過程にはそういう理屈があるのであり、秘密にしておくことが許容されているのである。

秘密の生産過程で付加価値が生じるのであるから、資本主義企業では「命」がかかっている場所である。だから、競争社会での企業は、この秘密の場所を隠したがるのであるが、マルクスはその秘密を「暴いた」のである。この秘密を「暴いてから」は、労働者の賃金が一〇〇パーセント支払われてはいないことが判明したのである。労働者の生み出した成果＝一〇〇パーセントの価値の中の一部分（たとえば六〇パーセント）は給与として支払い（労働者は受け取り）、他の一部分（たとえば四〇パーセント）は企業がかすめ取っているということが判明したのである。

この四〇パーセントを「剰余価値」と呼んでいた。労働者はこの四〇パーセントも労働者が働き出したのだから支払えと要求するので、賃上げをしたり、ボーナスという形で一時金を支払うようになったのである（ボーナスは、給与の後払いだと解釈されている）。もしも労働者の実質的に稼ぎ出した経済的付加価値を一〇〇パーセント支払ったならば、資本家の取り分はゼロとなり、資本主義は存立できないのである。これを、資本主義の根本矛盾というのである（弁証法論理学では、「矛盾」があるために、社会は変動するのだと説明することになる。つまり、資本主義から社会主義への変動だとするのである）。

マルクス主義を排斥したアメリカでは無階級理解＝労使協調路線の実現に努力を傾けてきたのである。しかし労使の対立する事実上の構造は厳然としてあり、この矛盾はいまだに解決されてはいないのである（どこの国でも最近では、貧富の差という形で、労使の対立が見えるようになってきている）。もしもこの矛盾を解決したら、資本主義は消滅するのである。早く消滅させようというのが、革命論だったのである。

社会主義革命が現在でも成功していない点の説明は省略することにし、ここでは、資本主義のシステムを結論付けることにしよう（革命論に一言だけしておけば、革命論には「一国革命」〈各国家ごとの革命〉か、「世界統一革命」か、という対立点があり、決着はついていないのだ）。資本の機能面としては、アナログ時計の針にたとえられ、円運動をし、一回転するごとに具体的に利益を上げるのである。資本の機能（針）は、資本の構造＝文字盤をグルグルと回転するのである。ここに、資本の構造（文字盤）と機能（針）とが明瞭になるのであり、付加価値生産システムは、文字通り「システム」だと分かるのである。これが、私から見た解剖図なのである。

ここで、マルクスの理論上の欠点を整理すると、次のようになる。その欠点とは、マルクスの構造図はG—W—G'—W'—G''…というように、先へ先へと直線的に直進していく図を描いているということである。この欠点を訂正すれば、資本・Gは円運動の図式を描くべきだったということである。私は、資本の運動は「円運動をする」と決定したのである。最初のGはWに姿を変え、次に生産過程で

WはW'に姿を変え、W'は市場でG'に姿を変える。そして一回転ごとに、Gは「再び私の手元に戻ってくる」のである。ここがポイントである。だから、私が資本の回転を操作する主体＝私的所有者という概念が不可欠のものとなるのである（経済論から法律論・権利論が引き出されるのだ）。

資本は同じ構造円をぐるぐると回転するのだが、回転させるのは私＝私的所有権者だったのである。私が資本を一回転させると、付加価値は一つ生じるのである。二回転させると、二つめの付加価値がまた生じるのである。資本を回転させても、付加価値が生じないときは、赤字になるか、倒産するのである。資本の運動を「円運動」として描くことにより、同時に、資本を動かす私的所有権者という主体性の問題も解明できたのである。

以上が、付加価値生産システムというものである。ここには、どのような人間像があるのであろうか。これを、次に見ていこう。

＊資本主義固有の人間像の析出

実体としての人間というのは、①サピエンスのことであった（②についてはすぐ後で見る）。すなわちサピエンスとは、現に生きており、毎日飯を食っており、大人なら仕事をしており、子どものいる家庭なら子育てをしており、子どもなら成長するのにつれて一人前を目指して学習し、よい就職をしたり、結婚でもしようかと思っているだろう。大人になったら社会に入り込み（就職や商売）、社会を荷うのである。そして、老化してあの世行きとなるのである。これは、ナマ身の人間＝サピエンスそのものだというのである。

このような人間・サピエンスを、私は「ナマ身の人間」と表現するのである（もちろん先祖を遡れば、アウストラロピテクスにまでたどり着くのだが）。このナマ身の人間・サピエンスが、具体的に、実際に、実質的に「村・共同体社会」を支え、荷っているのである。同じく資本主義経済・社会も、同じ「ナマ身の人間」が支え、荷っているのである（「人類の図」参照）。

さきに付加価値生産システムについて触れたが、それは情報化により引き出された理論・理屈・情報・知識のことであった。この理論・知識自体が、具体的に、現実に資本を動かすことはありえない。なぜなら、理論は頭の中で考えられた「情報」、知識だからである。そうすると、資本を動かすのは、付加価値生産システムの理論、情報、知識に従って運用する「ナマ身の人間」が必要になるのであり、それにはサピエンスしかいないのである。村・共同体でも、都市・資本主義でも、社会を荷うのは「ナマ身の人間」＝サピエンスなのである。それしかいないのである。

次に、①のサピエンスに対して②としては、資本主義システム固有の理論上の「人間像ないしモデル」が必要になるのである。どういうことかというと、資本を動かす荷い手がサピエンスなら「だれでもよい」というわけにはいかないからだ、ということである。すなわち、サピエンスの中で、必ず間違いなく資本を動かせるという「保証のあるサピエンス」、いいかえれば「資格のあるサピエンス」が必要なのである。サピエンスが資格を取るためには、あらかじめ資本主義では資格を与えるための人間像・モデルが決められていなければならないのである。

それでは、資格を与えるという「理論上」の人間像・モデルとはいったい何なのであろうか。このモデルはやはり、観念的な、情報としての理論＝付加価値生産システム理論の中に内在しているのである。そこから析出するしかないのである。そこで、二種類の人間像を明示すると、
①付加価値生産システムを現実に、実際に荷うナマ身の人間・サピエンス
②資本主義に固有の、理論上の、観念上のモデル
ということになる。そういうことで、①と②との関係を見ることになる。②のモデルを、あらかじめいってしまえば、それは「私的所有権者」のことである。

付加価値生産システムに内在していた人間像・モデルというのは、私的所有権者＝民法上の人間像だったのである。なぜかというと、『民法』（一般には財産法）は、経済＝付加価値生産システムの理論を法律的に「翻訳」したものだからである（さきに、資本の円運動から、資本を動かす主体を「引き出しておいた」のだが）。法律は経済理論を「翻訳」したものなのである。法律は、経済理論を動かす「人的関係面」＝権利者・義務者関係面を取り扱うのである。資本が円運動をして、その資本が一回転するとふたたび私の手元に戻ってくるという場合の、「私」のことである。この経済上の「私」が、法律面では「私的所有権者」なのである。

経済構造はG―W―G'であり、この構造面自体には、人間面は表示されていない。そこで、経済を実際に運用するために、経済構造の中に隠れている人間面を引き出すのである。資本が円運動をする

と見るので、そこには円運動の基点＝資本を動かす基点として、主体＝私的所有権者が不可避の条件となるのである。

資本（G）自体はみずらは動かないので、人間が動かすしかない。ここに、「Gと人間」との関係＝「G—人間」関係がある。この関係が翻訳されると、その人間は「G（資本）の私的所有権者」となるのである。同じく「W—人間」関係が翻訳されると、「W（商品）の私的所有権者」という概念が析出されるのである。次に、「G—W」という資本の運動面は、交換面＝「契約」として翻訳されるのである。

G—W—G'構造が翻訳されると、結論は、①私的所有権論と、②契約論とが析出されるのである（財産法の基本となる柱は、①と②しかないのだ）。そういうわけで、経済の価値自体は経済理論として論じられるが、その人間関係は『民法』で論じられるのである。資本主義社会存立の第一の法システムは、『民法』なのである。憲法にしても、刑法にしても、それらは、『民法』の人間モデル＝私的所有権者像が確定された後で構築されるのである。民法の人間モデルがなければ、憲法も刑法も出てこないのである。これを、「事象の論理」という。それに対して「法解釈論」は、憲法を頂点に置き、民法は憲法の趣旨に反してはいけないというようになる。法解釈論は演繹法であり、事象の論理は帰納法である。法システム論と、法解釈論とは、思考法が逆であることを、お忘れなく！である（沼正也教授は、解釈論は、ドイツの「パンデクテンシステム」（逐条解釈）が正しいと明快に指摘する。しかし解釈論者は、法構造論・法システム論を知らないのである）。

『民法』が資本主義に固有のモデル・私的所有権者像を確定すると、ナマ身の人間・サピエンスは、そのモデルの資格を取得して、具体的に、実際に資本を動かすことが許容されるのである。だから資本主義をうまく運用することができるサピエンスを、一定の資格審査をして、資本主義の世界（社会の枠）に「取り込む」のである（ベース概念としてのサピエンスは、村や都市の外にいるのである。村ができると村に取り込まれ、資本主義ができると資本主義に取り込まれるのである。「人類の図」参照を）。こうして「取り込まれたサピエンス」が＝資格審査に合格したサピエンスが、資本の運動の現実の荷い手＝私的所有権者になるのである。

私的所有権者は人工概念であり、サピエンスは自然概念である。たとえば労働者ならば、労働力は企業により商品として購入された「もの」だから、機械＝商品と同じく一日二十四時間稼働させてもよいのである。機械は何ともないが、労働力の荷い手は二十四時間労働で一週間もすれば死んでしまうであろう（『女工哀史』の時代では、犠牲者もいたのである。使い捨てだった）。なぜ死ぬかといえば、ナマ身の人間＝サピエンスだからである。ここに、私的所有権者＝モデル＝人工概念と、生身の人間＝サピエンス＝自然概念との区別が明瞭となるのである。

ついでにであるが、法律学が経済を翻訳したのと同じく、政治学もまた経済を翻訳しなければならないのである。政治学者の翻訳成果を見たいものである。もしも成果が出たとしたら、政治の世界の「不純物」は事実としてなくなり、理論上の民主主義が実際に実現するのである。たとえば、トランプ氏も、プーチン大統領も、習近平主席等々の自分ファーストも消滅するのである。また、奴隷、ジェンダー問題などすべての不対等、不平等問題は解決するのである。現在のところ、政治学が最も遅れているのである。

＊資本主義人間像（モデル）に見るセオリーの析出

資本を動かせるサピエンス＝資格を得た私的所有権者は、商品交換の当事者＝等価交換者として出現する。等価交換というのは、本来、交換物の「経済価値」が「等しい」場合に「だけ」交換してもよい、という論理のことである。この「等価性」の測定原理は、製造・生産に要した「時間」である。経済価値は、時間で測定するのである。自動車一台の価値とスマホ一個の価値とは、製造に要した時間で決定するのである。一週間に自動車一台を生産し、同じ一週間にスマホを一千個生産したとしたら、自動車一台＝スマホ一千個が同じ価値になるのである（一個のスマホは、一台の自動車の一千分の一に等しい）。等価交換の論理を無視するなら、でたらめな売買が行われても仕方がないということになる（たとえば、窃盗、強盗、詐欺、脅迫その他による経済価値の移転は不等価交換であり、違法となる）。資本主義の論理では、不等価交換は資本主義法では許容されないのである。

紛らわしいのは、実際の交換の場合には、「価格」に従って交換されている点である。そこで、「価値」と「価格」との違いは何か、ということが問題になる。交換価値の「価値額」は、資本主義が開始してから終了するまでの全価格の平均値だということである。だから、個々の交換では、資本主義が終了するまでは交換価値額は「わからない」のであり、とりあえず具体的な需給関係＝価格に従い交換するしかないのである。

交換「価値額」は、資本主義が終了すると計算ができるのである。資本主義の等価交換は、人工的に、客観的に「時間」によって測定するものだから、四角定規の、理論張りの理論となるのである。たとえば化学は「理論張り」であり、いい加減な理論で実験したら爆発するのである。それと同じく資本主義も「理論張り」であり、その理論張りを無視しては、資本主義は動かないのである（この価値論を解明したのが、マルクスの業績だったのだ）。

価値論は固有の「理論上」の概念であり、「価格」は「事実上」の需給関係であり、両者の違いを明確に区別しておいた方がよい、という話である。

資本主義では、交換物・商品の「等価性」を理論上の根拠として交換されるので、商品の側から見ると、商品の等価性が交換者の位置・立場を決定するのである。すなわち、交換物の等価性が交換者を相互に「等価の人間」だと翻訳するのである。交換者＝人間の「等価性」という意味は、交換に当たる当事者を民法が「法の前の対等・平等」に位置付けているということである。モデルに合格したサピエンスが商品交換をする場合には、互いに「法の前では私的所有権者として対等」であり、だから対等の立場ならば取引してもよいということになっているのである。そこで、資本主義の人間像のセオリーは、

すべての私的所有権者は対等、平等である

ということになる。等しい価値物の等価交換という経済原理がなければ、資本主義人間は相互に対等、平等、自由の保障は何もないのである。もともとサピエンスは、資本主義の枠組の外にいる存在なのである。商売や資本主義的な生活をしたいサピエンスは、私的所有権者モデルに合格して、資本主義の枠に「入り込まなければならない」のである。具体的な入り込み方が、就職であったり、商売、事業を開始することである。

人類のセオリーは、万人が「対等、平等」であった。村・共同体では、個々人は間接的に「対等、平等」であった。それに対して資本主義では、私的所有権者（一人一人の個人）として「対等、平等」であった。あたかも万人のセオリーが、個々人に直接に実現しているかのような格好である。これに関しては、さきに説明した「単独生活能力説」を想起してほしいのである。人間・サピエンスがモデルとしての「私的所有権者」という条件に合格すれば、資本主義内では「単独生活能力」を人工的に復活するのである。自然性のサピエンスは、単独生活能力を喪失しており、家族かつ村にまとまっていたのに対して、付加価値生産システムでは、私的所有権者であれば家族論には関係なく、一人一人が独立して、必ず「個人」として商品交換市場に登場することができるようしたのである。

家族の本質論については、89頁では（資本主義の項でまた議論する）といっておいたので、ここに、「註」を用意して、本質論に決着をつけておきたい。

註　動物の家族と人間の家族との決定的な違いを、指摘しておこう。鳥類、哺乳類なら「子育ての期間だけ家族を持つ」のだが、人間の場合には子育ての期間が終わっても家族は解消せず、「常態として家族を維持する」のである。

この「常態の根拠」が何かを、明示しようということである。

「常態家族の根拠」は、死者の「遺体の処理の問題」にあるのである。鳥類、哺乳類は「単独生活能力」があり、一人前になると「単独」で生きていくし、また死期が近づくと、群れから雲隠れをして、単独で死んで行くのである。だから、「遺体の処理」の問題は生じない。人間の場合には、「単独生活能力を喪失」したから、子どもは家族内で育てられる。人間の場合には（特には成人の場合）、家族から「雲隠れをして単独で死んで行く」という方式は採用していない。「家族の中で死んで行く」のである（そういう文化を形成したのだ、というしかないのだが）。

そこで、「遺体の処理」が問題になるのである。遺体の処理は、家族の負担として分配したのである。子育ては「親」が子どもを世話するのだが、「子ども」は親の世話をするのである。つまり老後の世話をし、さらには「遺体の処理」もするのである。この「遺体の処理」のために、「家族は常態として存在し、解消できない」ことになったのである。人間家族の「本質」は以上のとおりである。

次に、資本主義・民法との関係があるので、その関係を指摘しておこう。それは、「相続問題」である。沼正也教授ただ一人は、「相続とは遺体の相続である」と主張した。沼以外の民法学者は、「財産相続税」をとっている。資本主義以前の時代なら、たとえばツタンカーメンの話は有名であるが、彼の財産は死者とともに「墓に埋葬」されたのである。つまり、死者は、自分の財産を持参して永眠するのである。だから、家族の本質論から見れば、死者に一億円の財産があれば、死者を火葬に伏すときに、一億円も燃やしてしまえばよいのである。

しかし、資本主義は自然論ではなく人工論の世界であるから、遺族としては一億円は利用価値があるので、家族で相続することにしたのである。問題は、相続の「根拠」である。沼は、「遺体の相続税」を根拠にしている（家族の自然論、本質論を踏まえているのだ）。死者に財産があれば、遺体の処理人＝遺体の相続者が相続するとした。処理人を一人と決めたならば、その一人が「墓や仏壇を守り」、「法要を行う」ことになる。もしも相続者が長男、次男、三男の三人がいるとしたら、墓、仏壇、法要は三人が平等に行うのでなければならない（もらいっぱなしは許されない）。

現行相続法は、兄弟三人がいれば、三人が平等に相続することになっている。しかし習慣では、次男、三男は財産をもらいっぱなしで、墓、仏壇、法要等々は長男一人に任せておくものである。この点が、財産相続法のおかしい点なのである。財産相続を認めるにしても、「遺体の引受人重視の法律」にしなければならないのである。この点では、沼正也の主張が正しいのである。後々相続をめぐって遺族間に争いが起きないように、すべての相続者には「墓、仏壇、法要等々」の負担を平等に割り振るという条文を追加しなければならないのである。現行法上ならば、相続をめぐって混乱が生じたならば、「遺体の引受人」は、死者の財産を全部火葬に伏してしまえばよいという、解決方法もあるのである。

かつて「社会学」の学者たちが、なぜ人間家族は「常態」なのかを議論したが、結論は出なかったように、私は記憶している。法学者も社会学者も、「人間家族の常態性＝本質論＝自然論」を知らないのだと見てよいであろう。話をもどすと、付加価値生産システムは人工化された経済システムであるがゆえに、自然概念の中の「単独生活能力の喪失」次元論を否定して、「人工」の資本主義独自の、固有の生産社会システムを構築したのである（自然と人工との対照がはっきりした）。この固有のシステムの中では、だれもが「私的所有権者」という資格取得を条件として、「単独＝一人で交換システムに登場できる」ということ

になったのである。資格のあるサピエンスならだれもが、一人で、自由に、市場に参加することができるのである。それゆえに、

人類のセオリーは、万人の平等

資本主義人間のセオリーは、すべての私的所有権者の平等

という関係になるのである。交換者は互いに「契約関係者」となるのだが、その理論的前提には、資本主義人間ならみな「私的所有権者」なんだという順序があるというのである。つまり、「所有なければ、交換なし」という理論があるのである。所有があってこそ初めて交換が成立する、という順序があるのである（原点は、「はみ出し者」の能力の私的性質＝私的所有にあったのだ）。そういう意味では、私的所有概念は、資本の運動の理論的かつ事実的の「開始点」になるのである。

ここに、川島武宜教授（東京大学、民法学・法社会学）を取り上げなければならない順序があるのである。川島は、民法を「法システム」として認識し、法システム論を展開して見せたのである。それは、川島著『所有権法の理論』（岩波書店）として結晶した。これは、日本では初めての法システム理論の提示となったのである（ドイツでもまだなかった）。川島は、マルクスの経済理論書『ダス・カピタル』（日本語訳は通常は『資本論』）のG─W─Gという経済構造を、法律学的に「翻訳」したものなのである。法システム理論としては、「私的所有は資本の運動の静的基礎・基点＝構造だ（文字盤に相当）」ということであり、「契約は所有している資本の運動＝機能だ（針に相当）」ということである。ここに、法システムが明示されたのである（若き川島はマルキストだった。川島の後半は、マックス・ウェーバー理論＝

判されたのである）。

「法社会学」を採用し、ウエーバリアンに転向した。そのために、川島はマルキストからは「裏切者」として大いに批判されたのである）。

次に、川村泰啓教授（中央大学、民法学）が登場するのである。川村は、川島の法システムの「基礎理論」を踏まえて、民法システムを実際的に、実用的にも使える理論構築を目指して、「実用法学」を成し遂げたのである。川村の成果は『商品交換法の体系Ｉ』として結晶した（川島は基礎理論＝法システム論を提示したが、実用化の理論がまだなかった。川村は、川島の不足を補って、なおも、あまりがあるのである。川島は川村に、「よくぞやってくれましたね」と言ったということを、私は川村の口から直接に聞いていた）。川村の「実用性」の表現は、現実世界で企業は「商品交換」を実行しているところから、「民法」という言葉を排除して、「商品交換法」という言葉、名前で言い換えたのである（六法全書では、『民法』の名称を廃止して、『商品交換法』と変えた方がよいのだということになる）。

川村の『商品交換法の体系Ｉ』は、①所有論（オール・オア・ナッシングの論理）と、②契約論（ギブ・アンド・テイクの論理）の二本の本柱を建て、たくさんある条文を整理し、①のものか、②のものかに整然とふるい分けし、体系化したのである（これでスッキリとしたのである）。法実務家は、民法典が使いやすくなったはずである。民事事件の解決は、この体系に照らして、①か②かのどちらかの領域として、一貫して解決されることになるのである。そこで、①の事件か②の事件かを実際に決定するのが、裁判官、検察官、弁護士＝法的実践家の「仕事」にかかってくるということになるのである。ここに法学者と法的実践家との分業も明確になる。これまでは分業を知らなかった。学者も法的実践家も一緒くたになって法解釈論＝法実践論を展開していたのである。

多くの法学者は、「法システム論」「実用法学論」を知らずに法解釈をしていたのである。つまり、「判断の枠組み」を知らないで、「判断・実践」をしていたのである。事象の論理（帰納法）を知らずに、法解釈（演繹法）だけをしていたのである。判断の枠組みを知らないから、結局、最高裁判所の長官は保守党の「いいなりになりがち」なのであり、最高裁では「判決がひっくりかえる」ことがしばしばあるのは、そのためである。

ついでに法科大学院大学を覗いてみれば、構造論を知らないで解釈論だけに励んできた教授たちが、大学院大学ができると、今度は大学院大学の教授になった。つまり、本ものの科学思考ができない教授が大学院大学の教授になったのだから、大学院大学でも「本ものの法科学理論」は実現するはずがないのである。つまり、大学院大学のための人材が、日本でははじめから存在していなかったのである。

＊セオリーからの脱落者像について

次に、私的所有権者・モデルとしての資格を得られなかったサピエンスは、どういうことになるのだろうか。それは、明確に脱落者・不合格者と判定される。不合格者は、民法上、資本を動かしてはいけない、ということになるのである。合格者と不合格者との違いは何であろうか。この合・不合格の基準は、『民法』に明示されているのである。それは、すなわち「成年」規定である。法律では、一律に現在なら「十八歳」と決められている。これには、それなりの「理論的な裏付け」があるのである（後述）。そこで、十八歳以上を成人とし、一人（単独）で商品市場に登場することができるのであるが、十七歳では未成年とし、商品市場には単独では登場できないのである。未成年者は「単独生活能力の喪失者のまま」なのである（人工社会には登場せず、自然社会の生活者なのだ）。

失業者は、場合により、単独生活能力の喪失者になることがある。失業した場合、さしあたりの生活には、①貯金で暮らす、②失業保険で暮らす、③家族の援助だけで暮らす、ということになる。①と②とは、就職していたときの所得とつながりがある。だから、資本主義生活の場合の延長である。③の家族の援助だけによって生活をするとしたら、その失業者は完全な単独生活能力の「喪失者」になるのである。

しかし現在の実際を見ると、失業しても③の単独生活の喪失者にはならない人が多い。ほとんどが①と②である。つまり、社会福祉法の関係で生活しているのである。いったい社会福祉関係法とは、何んなのであろうか。これは後に見るが、「生産力説」という学説によっているのである。もしも福祉関係法がなければ、生まれた家族に戻る＝単独生活能力の喪失者になるしかないのである。

さきに「理論的な裏付け」といったのは、義務教育卒業という教育による大人化政策と連動しているということである。文科省は学校教育を通して、十七歳までに子どもを「大人」にしなければならないのである（現在では、高校はほとんど義務教育化している）。しかし実際には、就職しても、十八歳という大人が保証されていない、「子どもっぽい」という問題がある。この問題は、採用した企業の社内教育で克服してきたのである。文科省の不十分な教育政策の欠点を、企業が穴埋めしているのが実情なのである。文科省がまずは、「大人保障」の政策を実現しなければならないのである（企業に負担をかけてはいけない）。

＊ジェンダーフリー問題に一言を

ここでは、最近問題化している点に一言触れておきたい。それは、ジェンダーフリー問題である。資本主義理論は「資本の実体を情報化したもの」だから、「抽象的、観念的」な思考物・情報である。また、資本主義は①人工理論であって、②自然論（生老病死、性別、家族など、人間の自然的特質）を含まないものであった（自然と人工との峻別）。

そこで、たとえば資本主義内では、自然論に属する「性別」問題が問題視されるのである。資本主義には、性別という自然の、具体的な特質問題は排除されているのである。だから、「成人」＝私的所有権者でありさえすれば、男性・女性という性別に関係なく、成人に達すれば「一人の人間」＝私的所有権者として、たとえば課長、部長、社長、学者、スポーツマン、芸術家、大臣、首相、天皇等々何にでもなれるのである。履歴書には、私的所有権者であればよいのであり、性別の記載は必要がないのである。

これに即時に賛同できない人は、「資本主義のセオリー」を知らないためなのである。自然と人工との峻別、その総合を知らないためなのである。「自然」事項も「人工」事項も、各人の頭＝脳の中では「ごちゃまぜの雑炊状態」なのである（脳の中が「こんがらがっている人」なのだ）。脳の中が「自然」か「人工」かという点では「整然と整理ないし峻別」されていない人なのである。この峻別を知らないで、政治家・首相になり、社長になり、大学の理事長になり、学者になり、学生になり、サラリーマンになり、スポーツマンになり、芸術家等々になっている人たちがたくさんいるのである。この「知らない」という点が、すべての社会的混乱を起こしているのである。「知っていれば」手が打てるのである。

その原点を知らない多くの日本人は、みずからジェンダーフリーなどという視点には「気がつかない」のも当然なのである。ジェンダーフリー問題は、「理論張り」の問題なのである。「いい加減の理論」で化学実験でもしようものなら爆発を起こしてしまうように、現在のジェンダーフリー運動はまだ「理論張り」ではないから、所々で爆発＝混乱を起こしているのである。ジェンダー問題の直接的な「解決視点」は「私的所有権者セオリー」にあるのである。間接的な解決視点ならば、「万人のセオリー」にあるのである。

そこで、誰かが「気づかせる」必要がある。現在はすでに、ジェンダーフリーの主張の運動者が「気づかせる」運動を実行している。しかしその運動者も、ジェンダーフリーの直接的な論理・根拠が「私的所有権者セオリー」にあることはまだ知らないことであろう。論者自身が「私的所有権者」

であるという「自覚」がないのであろう。だからジェンダーフリー問題を、「理論張り」として追及し、説得することができないでいるのである。まず最初に、「自己を知れ＝私的所有権者を知れ」と言わなければならないのである。

男女平等の理論は、直接には、付加価値生産システムの中＝成人論＝私的所有権者セオリー論にあったのである。資本主義社会の人間は、私的所有権者しかいないのである（私的所有権者一色なのだ）。資本主義社会の理論の中には、男・女という言葉＝自然用語は、存在していないのである（男女といった性別の言葉は、自然論にしかないのである）。最近のいわゆる同性婚も、私的所有権者同士の自由な関係問題なのである。これを、同性婚というように「結婚」概念に結びつけるから、混乱するのである。「結婚」概念に拘泥しないで、私的所有権者相互の自由な関係だと見れば、話は簡単なのである。同性婚というように、「結婚」と関係付けて表現すること自体がおかしいのである。このおかしさは、人工論と自然論とが整理されていないで、「こんがらがっている」からである。いわゆる同性婚は、自然世界ではありえない話である（自然論の世界なら、同性婚は許されない）。

私的所有権者しかいないのに、その自覚がなければ、社会運動は順調には進められないのである。たとえば、中国では「夫婦別姓」は封建制の名残だから、「夫婦同姓」にするべきだという。日本のジェンダーフリー論者は、「夫婦同姓」は封建制の名残だから、「夫婦別姓にせよ」という。中国は日本化を求め、日本は中国化を求めても、何も解決はしないのである。ジェンダーフリー論は、同姓にするか異姓にするかといった、低レベルの問題ではないのである。同性か、異性かは、資本主義では本質的な問題ではない。資本主義に本質的問題は、姓は「記号」でしかないのである。だから、一号者、二号者、三号者…とすれば、最高なのである。

人間は「サピエンス」としては、日本人と中国人とでは、何も違うところはない。ジェンダーフリーの議論を「根本」の点でいえば、サピエンスの人類次元での「人類の同一性・セオリー」を正しく理解しているか、いないかの問題に尽きるのである。この人類の同一性は、資本主義では私的所有権者という形で取り入れられているのである。中国は中国の問題だ、日本は日本の問題だとして、日中のサピエンスとしての同一性に気がつかないのでは、いつまでたっても問題は解決されないのである。資本主義の中での解決としては、私的所有権者＝平等概念を持ち出さなければならない点は、すでに見ておいたとおりである。

本来なら、学校教育で「気づかせなければならない」のである。義務教育では、誰もがジェンダーフリーの根拠を理解して卒業できるようにしなければならないのである。学校では、いったい何を教えているのかと、正さなければならないのである。文科省がこれまでの教育（旧世界観といっておこう）をこれまでと同じく継続しているならば、現在抱えている諸問題は、これまで通りのように、今後も未解決のまま続くしかないのである。解決したいのであれば、「新世界観」＝「いちばんよい科学思考」をしなければならないのである（現在では、世界的に見ても、まだ旧世界観が横行しているのだ）。

ジェンダー問題解決の制度的責任は、一にかかって、文部科学省（国家といってもよい）にあるのである。国家の問題と見れば、政治問題に他ならない。一度、女性の首相（政治家）や女性天皇を出現させ、経験したらよいのである。

これが、付加価値生産システムの理解上の注意点である。

第五の思考の順序

＊「そもそもの資本」とは何か（実質現実について）

自然論を主張する私としては、どうしても「そもそもの資本」については、言及しておかなければならない問題なのである。この説明部分はすでにあれこれと触れておいたので、念のために、ということである。

現在の多くの、いわゆる現代人間は、資本主義生活様式にはすっかり慣れ親しんでおり、それ以外の生活様式などは知らないことであろう。これを、資本主義に埋没しているといってよい。このような埋没人間の眠りを覚醒させるために、「そもそもの資本」という点を浮上させておきたいのである。資本主義人間＝私的所有権者の前提に、「そもそも」の人間＝自然性の人間＝サピエンスがいることは繰り返し述べてきたところである。

そもそもの人間の「そもそもの資本」というのは、すなわち、各人＝万人＝サピエンスの生きる「元手＝資本」は、ナマ身の人間の「身体力と頭脳力」のことである（生きることが目的になっている。死ぬことが目的ならここでの問題は生じない）。

結局、「そもそもの資本」の荷い手は、現在の資本主義を荷っている、「ナマ身のあなた自身」のことなんですよ、ということである。「あなた」は、よい就職をしたい、よい仕事をしたい、あるいはよい経営をしたいと思って、学習して「能力を高めて」、テストを突破したことであろう。この「ナマ身のあなた自身の能力」が、「そもそもの資本」なのである。あなたの生まれながらに備わっている自然物体としての脳ミソを、意図的に活用しているのである。私はこれを、自然の、ナマの姿＝「実質現実」と命名するのである。

資本主義の「人工ベース」としての私的所有権者に対して、「自然ベース」としてのサピエンスが存在していることは、すでに説明をしておいた。

資本主義が発生すると、このナマ身の能力・ナマ身の資本・生きる元手・実質現実は、「商品化」されるのである。そもそもの能力が商品化されることにより、「そもそもの資本」の、最初の「仮想化」が開始するのである。ここに、「仮想社会」が誕生する。資本主義社会は、「仮想現実」なのである（実質現実と仮想現実との対立・2次元事項の出現だ）。

「そもそもの資本」を想起する、何よりも第一の視点は、「生きること」が「目的」だったということである。生きるために、「身体力と頭脳力」とを活用している「オートメーション機器」だったのである。

生きるために「そもそもの資本」を活用する場合、村・共同体社会が適切であるのか、それとも都市・資本主義社会が適切であるのかを、時と場合に応じて選択することになるのである。そういう意味で、社会形成は生きるための「手段」だと位置付けられるのである。社会形成は生きる手段であるから、都市・資本主義社会が適切ではないと判断されるようになったら、次の新規の社会を「素早く」形成する必要が生じてくるのである。

生きるという目的は「不変」であるが、社会はその時、その時の都合で、作り替えられるもの＝「可変物」なのである。社会が「可変物」であるのは、脳が文化社会の「進化、変化」を操作しているからなのである。

資本主義の理論が未来を作り出すのではなく、そもそもの資本＝生きる元手＝実質現実＝身体力と頭脳力が未来を創作していくのである。村・共同体社会も都市・資本主義＝人工社会も、この「そもそもの資本」という大地の上に咲いている花なのである。さらに未来社会も、この「そもそもの資本」の大地の上に咲かさなければならないのである。

第六の思考の順序――資本主義の総括

＊資本主義自体が「仮想現実」である

さきに、資本主義社会は、「そもそもの実質現実」が商品化し、仮想化が開始した点を指摘していた。資本主義社会は、「仮想現実」としてスタートしたのである。

最近では、ＡＩ機器が「仮想現実」を作り出すといって評判であるが、「仮想現実」はＡＩ機器が作り出すのではなく、資本主義社会自体が、「自然世界・実質現実」の大地の上に咲いた花＝「仮想現実」なのである。だから、資本主義の論理に忠実に思考している人がいれば、結局その思考者はＩＴ論とかＡＩ論にたどりつくのである。ＩＴ機器やＡＩ機器の発明は、資本主義の理論上、行き着くべくして行き着いたものなのである。ＡＩ理論出現の必然性・根拠は、資本主義の論理の中にあるのである（「人間機械論」を想起せよ）。

資本主義経済社会が、なぜ、「仮想現実」なのであろうか。それは、資本主義に貨幣が出現し、貨幣が資本の代理＝「象徴・シンボル」＝仮想現実になったからである。貨幣は資本を「仮想」しているのである。資本主義は、「資本」が存在しなければ存在できない経済システムであるという。資本主義の資本の出現は、次のようであった。すなわち、「そもそもの資本」＝生きる元手が資本主義を構築し、資本主義の元手＝「資本主義の資本」に「転化・転身」したのである。さらには個別商品価値の「一般化」として「貨幣」が出現するのである。貨幣さえあれば、何でも買えることを、貨幣の「一般性」という。

貨幣がシンボルになったために、「制度」としての「資本」が背後に隠されてしまい、「貨幣」が表に躍り出たのである。そこで人々は、万事「資本主義の世の中」とは言わないで、万事「金（貨幣）の世の中」というようになったのである。現実の取引は資本の運動なのであるが、貨幣を「元手」として動くことになった。利益も損失も、貨幣量で表示される。資本主義社会は、「貨幣主義社会になったのである。実際の、具体的な商品の等価交換は、「貨幣」さえあれば、実現するのである。もはや「そもそもの資本がどうの、こうの」とは、言わなくなったのである。

その仮想の目に見える姿が、たとえば一万円札である。現在ではIT技術により、一万円札の使い方はカードに化けている（仮想通貨化、キャッシュレス化）。カードは、貨幣（たとえば一万円札）を「仮想」しているのである（仮想のまた仮想だ）。商法学者が手こずってきた手形・小切手や株券の「法理論」なども、仮想現実論なのである。

「そもそもの資本＝実質現実」―「貨幣＝資本の仮想現実」―「カード＝貨幣の仮想現実」―「顔認証＝カードの仮想現実」（もうカードでさえもいらない）となる。だから現在の世の中は、切りのない仮想行列となるのである。IT、AI技術の時代では、人間もまたロボットにより「仮想」されていくのである。ロボットは、人間のシンボルになるのである（人間機械論、人間機能の機械化を想起せよ）。ついには、カードがあれば、あるいは顔認証をすれば貨幣はいらないのと同じく、ロボットがあればもう人間はいらない、というところまで行くことであろう。いいかえれば、私的所有権者がすべてロボットに置き換えられたならば、資本主義の荷い手はもうサピエンスである必要もなくなるのである。ロボットだけで、足りるのである。これで、資本主義（工業化）は完成するのである。

資本主義が貨幣制度を「シンボル」としているので、「仮想現実」というのである。「仮想現実」というのは、「実質現実」（「そもそもの資本」）を代替、代理しているのである。ハトもまた平和観念の「仮想現実」なのである。仮想現実の原点には、「実質現実」があったのである。実質現実を忘れるな！である。

資本主義は、自然の次元＝人類次元ベース＝実質現実の上に咲いた花だと見るのであるが、もし仮に「仮想現実の花」が枯れると、「実質現実」＝自然のベースがあらためて浮上するのである。実質現実は消滅することはないが、仮想現実は時と場合により消滅するのである（消滅理由は、資本主義に内在する「自己矛盾」だということだが）。資本主義亡き後は、この実質現実人間＝サピエンスが、あらためて新規の社会を作ることになるのである。これが、理論上の、資本主義の総括となるのである（後でまた触れる）。

＊「生産力説」を再考して見る

「ナマ身」の人間の生きるとか死ぬ問題＝自然事項＝生老病死、性別、家族等は、固有の資本主義理論＝人工世界の理論の中には存在しないのである（自然と人工との峻別の論理）。しかし「ナマ身」の人間問題は、何よりも「生きること」（生存論）が目的であり、主題であった。資本主義は、この「主題」（自然的生存論）は資本主義の範囲以外だとして、資本主義憲法には登場しないのである（資本主義憲法は、実質現実から見れば、「仮想憲法」となる）。『憲法第二十五条』は、生存権を定めている（①国による最低限度の生存権保障。②国による社会保障への努力）。憲法第二十七条は勤労の権利義務、憲法第二八条は労働三権を定めている。しかし、「仮想憲法」であるから、生老病死という「生《なま》の生存論」とは、理論の世界が違うのである。

現行の憲法上の生存論は、「人工社会」での「人工的思考による生存論」なのである。だからいつでも、「人工的に、意図的に」維持してもよいし、逆に変更、破棄ができるのである。憲法第九条もまた人工社会の憲法に記載されているのだから、「人工的に、意図的に」変更することはできるのである（戦争を可能にする変更もできるし、何があろうとも絶対に戦争はしないという決定もできるのだ）。あるいは「改良」はできるのである。資本主義政策は一般には、改良主義である。変更の手続きはただ一つ、国会における多数決である。多数であれば、「悪法も法である」という事態が生き続けるのである（たとえば「戦争法」を多数で決めれば法律となる。これを普通には、悪法というのだが、しかし通用するのである）。「悪法も法である」として、現実の資本主義社会では「悪法」で国民を縛ることもできるのである。だから、多数決を原理とする民主主義は、理想的な思考でもなく、「いちばんよい思考」をしているわけでも何でもないのである。資本主義憲法は、その時々の事情でふらふらと「ふらつくもの」

なのである。

憲法上の重大な問題点は、次のようである。憲法第九条＝戦争問題が現行の資本主義憲法に記載されているのだから、いつでも多数決で変更できるといっておいた。それは、憲法第九条の「解釈論上の問題」としているのである。しかし「固有の理論上の問題」としては、憲法第二十五条以下とは、「理論の本質」が違うのである。戦争問題は、その根源は人間の本能（大脳辺縁系）＝自然性に発出することは、時実俊彦理論において触れておいた通りである。普通には、テリトリー問題・縄張り問題といわれているのである。第九条＝戦争論だけは、「資本主義の範囲以外の議論なんですよ」という点から、議論を開始しなければならない問題なのである。戦争は、資本主義に固有の問題ではなく、大昔の村・共同体の時代（四百万年前のアウストラロピテクスの時代からだ）から普通にあったのである（文化人類学参照）。戦争が本能から発出していることを知らない憲法学者、政治家が、現在の解釈自由の憲法を制定してしまったのである。彼らは、戦争は資本主義に固有の問題だと「思い込んでいた」のであろう（マルクスは資本主義に「固有」と見ていたであろう。マルクスも辺縁系によることは知らなかったのだ）。これでは、問題解決の見込みはないのである。

私は、憲法第九条以外はすべて、すなわち憲法第二十五条以下も含めて経済的、法律的、政治的政策に関しては「生産力説」を再考して見るのである。生産力説から見れば、たとえば憲法の生存論・福祉関係の諸問題は、資本主義固有の問題であり、資本主義の寿命を延ばすためにだけ考慮された政策だということがわかるのである。資本主義は何よりも第一に、労働者・失業者や障害者、家族などの、「生《なま》の」生活・生存を豊かにすることを目的にして採用した経済システムだ、ということではないのである。何よりも第一には、資本の増殖のためだけのシステムなのである。これが、「付加価値生産システム」だということである。福祉政策とはいえ、人間の自然性としての、ナマの「生きる・生存する」意味合いはゼロなのである。

労働者はいくら貧困の底で呻吟していても（イギリスのかつての貧民街のように、ホームレスや餓死者が出ていても）、もしも資本主義が労働者等の貧困とは無関係に発展するものならば、社会福祉などの政策は必要がないし、考えもしないことであろう。しかし現実には、福祉政策を考えている（イギリスなら救済法を考えた）。なぜだろうか。その理由は、労働者、国民等の生活水準を一定程度は保障していなければ、資本主義の存続目的、発展目的それ自体に障害となることがわかったからだ、ということなのである。

事業家であれ、労働者・サラリーマンであれ、等しく「私的所有権者」であるのだから、事業者だけがいくら豊かで優秀であっても、労働者・サラリーマンの生活水準が低レベルで、したがって労働能力が低レベルでは、資本主義は支えられないのだという点が、経験的に「わかった」のである。事業に成功したければ、いやでも労働者・サラリーマンにも何ほどかの豊かさを保証しなければならないのだ、ということである。

そういうことで福祉政策は、資本主義が生き延びるための「手段」だということがわかるのである。生産過程では原材料・商品に労働能力の「価値を付加する」のだから、労働能力の「品質の良し悪し」に気がついたのである。戦前では、気がついてはいなかった（たとえば『女工哀史』という記録があった）。資本主義の「目的」は、資本主義の「資本」が「生き延びること」である。ちょうど、サピエンスの「目的」は「サピエンスが生き延びること」であるのと、思考上は同じである。

現行憲法第二十五条、二十七条、二十八条は、資本主義が生き残るという目的のための「手段」である。憲法の制定自体もまた、資本主義が生き延びるための法的手段、法的プログラムなのである。

戦前には、「生産力説」という学説があった。これは戦後、マルクス主義＝革命論の批判を浴びて鎮静化したが、私は、労働法も福祉諸法も、資本主義であれば、生産力説の方が「適切な説明」ができるのではないかと見ているのである。

日本では、労働運動の華やかなりしころは、労働法は革命法だ（内在的破壊運動法だ）と考えられていた。しかし、資本家の側も、マルクスが指摘していた通り、生き残りには大変な努力を傾けていたのであり、ついに日本もアメリカとの連携で高度経済成長に成功したのである（革命運動の努力よりも、資本家の資本主義生き残り運動の努力の方が、勝利したのである）。

経済の高度成長化に成功すると、事態は一変した。アメリカの労働組合が日本の労働組合に、日米が「同一の労働条件」で、日米が「平等、対等」に経済競争をしようではないかと要求してきたのであり、そのとき、連合組合は賛成したのである。憲法二十五条以下も、資本主義に固有の理論＝労働力商品の「商品売買」でしかないという点（革命法ではない点）が、復活したのである。アメリカはアメリカ国内の社会主義運動に対しては、日本では考えられないほどの社会主義打倒運動を起こしていたのである。そのアメリカの成功の成果が日本にまで及んできたということである。アメリカ筆頭の社会主義者・ヴェブレンは、アメリカという地盤の上では、非業の死を遂げざるを得なかったのを見ても、アメリカの資本主義者の努力というものが理解できるであろう。

連合組合と対立していた革命的「戦闘的労働組合」（いわゆる「総評」）が消滅すると、連合組合はアメリカの組合の申し出を受け入れ、革命説から生産力説に戻ったのである。資本の生産力の増強を安定化させるために、連合組合は企業と運命を共にする道を選択したのである。ここで、階級思考は消滅し、労・使も「同じ市民」として対等であり、個人主義的改良主義がスタートするのである。ここにいわば、「アメリカ合衆国日本州」が出現したと見てもよいのである。

その代わりに、あらかじめ企業と連合組合が労使対等の「団体交渉」をテコにして、労働者に一定の生活保障をするという約束ができ上ったのである。憲法第二十八条＝労働三権の核心はストライキ権にありという解釈から、今度は、連合組合は団体交渉権主導という解釈に切り替えたのである。連合はもう、「ストライキ＝労働力商品の売り惜しみ」＝革命思考はしないことに決定した。連合は、総評のような革命思考はゼロなのである。

日本政府がアメリカの傘の下に入ったように、遅ればせながら、日本の連合労働組合も、アメリカの労働組合の「傘の下に入った」のである。連合組合が支持する政治政党＝国民民主党も、本質的には自由民主党と対立する性格は、もう、なくなっているのである。ただし政党を名乗る限り、自己主張・政策論のために、自由民主党とは相対立する場面もあるのである。いわば「同じ穴のムジナ」が派閥争いをしているということなのである（国民民主党はまだ、この「生産力説」には自覚がないように見えるのだが）。

現在では、首相が労働者の給料を上げる政策を考え、企業団体に打診をしている。資本の側が生き延びるためには、進んで労働者に何ほどかでもサービスをしておかなければならないというわけである。これは、資本の論理であろう。資本が生き残るためには、一定程度の労働者の福祉は必要だというのだから、生産力説なのである。一定程度の生活を保障しないと、労働者の低レベルの生活が労働能力の向上を害するので、戦前では、生産工程では粗悪品を作ってしまうことが問題になっていたのである（「女工哀史」では、女工が粗悪品をつくり、身体的・肉体的に制裁を受けたという記録はなまなましい。女工は消耗品だったのだ）。

今では生産機械が進歩して、粗悪品が作れないような時代になったのであり、今度は、さらに進歩した機械を製造し、それを操作するための、技術的にはより一層高度の能力が求められるようになった。スキルが大事だ、などという。資格取得の時代が来たのだ。高校生や大学生が「覚える学習」に傾いているのは、就職のためには仕事の「テクニック、技術的な能力」を向上させることがてっとり早いと思っているからであろう。資本が生き延びるためには、資本の側から労働能力の向上のために、進んで労働者を教育し、有能な労働者を活用する時代になったのである（トヨタ自動車の組み立て従業員の社内教育が、一つの見本といってよいかも知れない）。最近ではたとえば、高校卒で就職する人口が減少し、少なくとも専門学校や大学へ進学する人口が増加したのである。こういう現象は、生産力説の影響である。

そうはいうものの、資本主義も長期的に見れば、資本主義の矛盾は深まるだけであり、いつまでも続くことはなく（資本主義の矛盾が自滅へと向かわせているからだ）、再び「実質現実」の時代になるのであろう。本質で見ると、資本主義は自然破壊の性質を内在しているので（資本の「加害者論」を想起せよ）、これ以上破壊できないという限界が来れば、ほっておいても、資本主義は消滅するのである。自滅性があるのだ。自滅したくなければ、進んで策を講じるのだが、それも限界があるということである。労・使（資）の階級対立による資本主義の消滅思考は、「相対的理由」であり、自然論＝「自然を破壊するな！」は「絶対的理由」となるのである。

資本主義も万物流転し、その流転の姿はすでに見ておいたのだが、ここに再現すれば、発生（古代資本主義）—発展・中間期—完成（産業革命）—停滞から下降（現在の姿）—消滅するのである。これが、資本主義社会「変動」の総括である（資本主義の本質は「仮想現実」である）。これをさらに人類の出現時点から総括すれば、「実質現実」（たとえばアウストラロピテクス以来の村・共同体）—「仮想現実」（たとえば資本主義）—高度な「実質現実」（仮想現実を越えた未知の未来型実質現実）へと流れるのではないかということである。2次元思考かつ3次元（まとめる）思考の結果、そのような結論に達したのである。これが、私の「人類の全社会史」の総括である。

第2章

続・思考の順序

― 頭の体操―

モチーフその一

＊モチーフを決めろ

モチーフを決めるということは、実践するぞ、ということなのである。

前章では、これまでの人類社会の型（タイプ）としては、村・共同体社会と都市・資本主義社会との二種類を説明しておいた。そしてまずは、人類のセオリーをつかみ取り、それから、村・共同体社会のセオリーと都市・資本主義社会のセオリーおよびその人間像とを析出してきた。村・共同体社会は「自然」受容型社会といい、都市・資本主義社会は「非・自然受容型」＝「人工」型社会としたのである。こうして、「自然と人工と」の峻別を説明してきた。このように、峻別により二者の対立を見る思考法を、２次元思考といってきた。では、この対立を解決する思考（３次元思考・問題解決思考）のカギは、何なのであろうか。そのカギは社会の中にあるのではなく、自分の頭の中の「脳の使い方」にあるのである。社会問題は､頭の体操の材料なのである。各人の脳の使い方＝考え方を､万人の「頭の体操」といっておこう（学習し思考するのは、自分の脳ミソの働きを整理することに他ならないのだ）。

まず問題というのは、自然受容型社会＝村・共同体社会と、人工型社会＝都市・資本主義社会との対立＝２次元事項を、どのようにして「まとめる」か、「矛盾問題を解決」するか、「３次元思考」をするかという、自分の頭の体操なのである。どのように脳を使うかである。

たとえば、自然受容型社会＝村・共同体社会に着目するならば、参考文献はたくさんある。また、人工型社会＝都市・資本主義社会に着目するならば、それに関する参考文献はたくさんある。つまり、2次元思考の文献ならば、たくさんあるのである。もう「あふれている」といってもよい。

しかし、2次元思考を乗り越えるための＝問題を解決するための＝3次元思考（まとめる思考）のための参考文献は、探してもなかなか見当たらない。個別具体的＝2次元的な科学書が「あふれている」ということは、ほとんどの科学者たちが、2次元思考しかしていなかったことを意味しているのである。そういうわけで、2次元思考の文献は、私には、役に立たないのである。たとえば、国際連合が国家間対立・戦争を解決できないのは、加盟している諸国家が2次元思考しかしていないからである。国連加盟諸国は、説得可能な3次元思考をするかたまりでなければならないのである。

しかたがないので、自分で、自分の「第二の思考法」（脳内だけで回転させるループ。後述）を駆使して独自に考えるしかないという点である。この作業が、私には、困難を感じる難点となったのである。

本章での最初の手順は何かといえば、それは、自分には自分のモチーフがあるのか、という点である。モチーフがなければ、何ごとも始まらない（実践できない）からである。モチーフがあってこそ、思考も行動も開始するのである。モチーフが決まるということは、問題解決のための「実践開始」となるのである。だから、モチーフを決めろ、モチーフを作れ、というのである。いいかえれば、モチーフを作るということは、自分の実践のための「脳の使い方」を決定することなのである。そこで一例として、私のモチーフ作りを紹介してみようと思うのである。

私が科学的な思考をする場合、結論を先にいってしまえば、科学の定義を求めていたのである。科学の定義を求めるために、それなりの思考法＝脳の使い方が必要であり、それが「モチーフ」の形成だということだったのである。

＊モチーフその一について（科学＝実体の情報化）

モチーフその一について。私は、「基本」となるモチーフとしては、科学の新定義＝科学とは実体の情報化であるを踏まえたのであるが、このモチーフを身に着けるまでには、それなりの思考の順序があったのである。それをどのようにして身に着けたかを、紹介しよう。私のモチーフには、今では三種類がある。

その三種類のうち、基本となるモチーフを「モチーフその一（新定義）」とする。他の二種類を、「モチーフその二（論理学）」、「モチーフその三（自然論）」とするのである。この三種類のモチーフが用意できれば、問題解決ができるということである。

私が取り入れた「モチーフその一」の「科学＝実体の情報化」という見方、考え方をはじめて明確にしたのは、養老孟司教授という解剖学者であった。私が自分の独自の見方、考え方（モチーフ）を探していたときに、この養老の見方、考え方に出会ったのである。このとき、私は「これだ！」と「気がついた」のである。

私は、養老の新定義に出会う以前ならば、科学の定義を決定するモチーフを＝脳の使い方を、私が独自に発見したかったのであるが、独自に発見することは、残念ながらできなかったということである。いろんな専門家の見方、教授たちの講義や考え方を見聞して、それを参考にしていたのである。こういう他人の見方、考え方をキョロキョロ見るという経験を積み重ねていても、求めているモチーフは作れなかったのである。

私が求めていたという定義思考の開始は、偶然といえば偶然であった。その偶然というのは、学生時代にクラブ活動として山岳部に所属したことだったのである。部員相互の交流の中で、定義思考＝私の独自の脳の使い方＝モチーフが芽生えたのである。

私が所属した山岳部の部員には、文系・理系のいろんな仲間がおり、互いに文系・理系という「垣根を超えた」議論＝素朴な「総合的な思考」をしていたのである（ちなみに部員の学部は、医、工、理、農、法、経、文、教育の八学部にわたっていた）。私は特には、医学部と農学部に関心が集中するようになったのである（医学部なら脳外科に先輩がおり、脳の実験をしばしば見学させてもらった。農学部では生態学に詳しい仲間がおり、この仲間を通して今西錦司の理論に接したのだ。当時今西が「日本山岳会の会長」を担当していたので、今西理論に飛び込むことには抵抗感がなかったのである）。しかし、授業で講義を聞いても、読書をしても、「垣根を超えた」次元での、私の求める「議論」にはなかなか出会わなかったのである（大学には自然科学と社会科学との「垣根」を超えた授業、講義がなかったということだ）。私の独自のモチーフ＝独自の「脳の使い方」の形成は、停滞していたのである。

大学院ではほとんどの教授が明確に2次元思考をしており、どの話を聞いても違和感を感じていたのである（大学院で関心を持ったのは、沼正也教授・民法学と川村泰啓教授・民法学の二人だけだった）。そうこうしているうちに、ついに、養老の見かた・考え方に出会い、それが「いちばんよい」と、自分で決定したのである。自分独自のモチーフ形成＝独自の「脳の使い方」はあきらめて、養老の定義・養老のモチーフに降参したのである。養老の「科学の定義＝実体の情報化」が「いちばんよい」と決定したので、この本のテーマには「いちばんよい考え方」をかかげることにしたのである。

自分のモチーフを決めるまでの時間は、短いに越したことはない。その点では、私のモチーフが決まるまでの時間が長すぎたと悔やんでいるのであるが、しかし今さらどうしようもない。

考えて見れば私のやるべき仕事は、ここから始まるのだ、と思う以外にはないということである。すなわち、モチーフその一が決まったので、今後は、あの専門家の見方とか、この専門家の見方等というような、あれこれの2次元的な見方、学説はもう参考にはしないでよいということになり、一つの重荷が取れたのである。つまり、実際の「問題解決」に向けて「突っ走ればよい」ということである。突っ走るためには、モチーフが確立していればよいのだ、という話である。多くの学説はみな2次元思考ばかりで、3次元思考をするためには参考にならない。そこで自分で3次元思考で問題解決を開始しようとしたときには、この3次元思考が思いのほか「難しい点」＝難点となったのである。

エジソンは、小学一年生から突っ走っていた見本であろう。エジソンは、「なぜ？　どうして？」を連発していたのであり、これが、小学校の教師には嫌われた。しかし、疑問の連発が発明王につながったのである。彼が小学一年生で退学すると、教師の経験がある彼の母親が教師代わりになり、「なぜ？」には彼が納得するまで説明したという。これを見ると、「人間形成」は、学校ではなく、家庭にあるように思われる。大事な点は、モチーフのベース作りなら小学一年生にはもう始まっているということなのであろう、ということである。

繰り返すと、モチーフとしては「これがいちばんよい」というものを、一日も早く自分で決定することである。自分で見つけたモチーフならば「自分のホンネ」が確定したといってもよいであろう。以後自分の言い分はみな、ホンネだということになる。この本も、私のホンネである。もうタテマエや忖度などは考えないでもよいのである。ここに、学者、評論家、解説者、文化人等々とは袂を分かつことになる。

こうして、私の、一つのモチーフが定まったのである。これを、「モチーフその一」としているのである。

＊テーマ作り

自分のモチーフができ上ると、何かしら問題を解いて見たくなるのである。そこで私は、多くの人が天動説は「間違いである」と思っているからこそ、世間に逆らって、あえて「天動説とは何か」というテーマを、あらためて立てて見るのである。「天動説とは何か」というテーマを立てることにより、天動説がどういうものかを調べ理解し、理解したところを説明することができるようになるのである。

もちろんその思考には、「実体の情報化」を適用することである。

それでは、「モチーフその一」を天動説思考に適用して見よう。「モチーフその一」は、「実体を情報化すること」であった。そこで、天動説の場合、何が「実体」であるかをつかまえなければならない。そうすると、まず最初の手順は、「実体とはどういう意味なのか」についての知識を、すでに身につけていなければならないということである。ここで、実体の理解が明確でない場合には、テーマの追求は一時お預けにし、横道にそれることになる。テーマの追求は、実体の意味が理解できてからの話となる。これが、モチーフの前のモチーフの学習である。

実体の意味を調べて見たら、実体とはシステムである、という意味がわかったのである。それでは今度は、システムとは何かが、わからなければならない。システムとは、①構造と、②その機能があるものだ、ということであった。たとえばわかりやすい事例としては、アナログ時計である。①文字盤が構造を示しており（静止系）、②針は機能を示しているのである（運動系）。アナログ時計は、①と②のシステムである（私は、資本主義の資本が円運動をすると説明したのは、資本を「システム」の視点から見たためなのである）。

ここでようやく①実体と②システムの意味がわかったので、再び、天動説の思考に戻るのである。それでは、天動説の実体とは何か。実体とは太陽の様子・動きのことである、という理解になる。そこでそもそも実体をキャッチするのは何なのだ?ということになる。それは、「五官」しかないのである。実体を情報化するのが科学であるから、まずは五官（この場合は視覚）が入力した太陽を実体として、情報化すればよいのである。そうするとまた、「情報化」とはどういう意味なのかが、理解されていなければならないのである。またまた、横道にそれることになる。

情報化の意味を調べて見たら、大脳の情報処理のことだということがわかったのである。それでは、大脳はどのようにして情報処理をしているのかについて、一応のところは調べておかなければならないことになる。これには、今では、脳に関する解剖学、構造学や機能学等々の著書がたくさん出版されているから、見ればそれなりにわかるのである。もう一点、そもそも「情報」とはどういう意味のものかが、わからなければならない。これもまた横道にそれることなのである。どうしても横道にそれるのである。モチーフを実行する場合には、避けては通れない道なのである。

情報というのは、①脳が考えたこと（思考の主観性）＝情報処理の成果、②考えたところ＝成果を言葉、文字、数式、図表等々（説明の客観性）で表現・出力したもののことである。簡単にいえば、「思考の産物」といってよい（図表化等々は別名「見える化」・「可視化」という）。自分の脳が考えたことであるから、主体的であり主観的である。その主観の中には本人が考えた大事な意味が込められているのである。この「意味の表記、表現」が、情報ということになる。自然科学の、また、社会科学の著書論文等々はすべて、この意味での情報である。「相対性理論」も、アインシュタインの脳が考えて（主観的だ）、数学的に情報化、可視化した「情報」である。研究対象の自然の姿それ自体は実体であって、情報ではない。情報は、実体に関する理論という思考作品の形となるのである。日常会話も専門家の討論もみな、情報の交換である。

この「会話表現」は、頭頂葉の運動野の働きで口を動かすことができるので、口を動かして言葉にして、他人に情報を「出力」するということになる。人々がコミュニケーションを交わすときには、情報を交換することになるのであるが、つまるところは各人の考えている意味を提示し合うことである。このように他人に向けて提示する、各人の考えている「意味」が、情報の本体となるのである。会話、討論は、意味のある情報交換であるべきだ。「意味」のない情報交換は無駄話だ、単なるおしゃべりだということになる（無駄話、おしゃべりにも、それなりの効能もあるのだが）。

実体の意味がわかり、システムも、情報化の意味もわかったので、ここでようやくテーマ＝天動説とは何かについて、本格的に考察ができる順序が回ってきたのである。いろいろと横道にそれるという点は、避けられないこともおわかりであろう。天動説一つを考えるにしても、前提となる知識があれこれと必要だということがよく理解されたことと思うのである。

話を戻すと、天動説の実体とは、視覚がキャッチ・入力した「太陽の姿、太陽の動き」のことを指しているのである。実体を情報化すると＝大脳が情報処理をすると、「太陽が東から昇り西へと沈む」という結論＝情報が出てくるのである。月の動きも同じである。

＊個別実体の一般化——視野を広げる

あらためて、個別具体的な実体としての太陽を、「一般化」しておくことにしよう。これには、「視野を広げる」という意味があるのである。太陽を対象にしていたということは、太陽「だけ」という「個別」事例を見ていたのである（狭い視野）。これは個別具体的であるが、「一般的」ではない。一般化しておけば、太陽の場合だけではなく、「すべての実体」の情報化の場合に、この科学的思考＝実体の情報化が適用できることになるのである。一般化すれば、思考の視野が広がるのである。

天動説の場合なら、太陽の動きの法則を明らかにすればよいのである。東から昇り西に沈むことを「毎日繰り返し生じている」ので、これを法則だといえば、これで天動説の議論については終わるのである。しかし議論の幅を広げるためには、この一事例がいろんな場合にも応用、適用ができるように、太陽という個別具体的な事例を一般化しておくのである。つまり、太陽が自然物であるということから、太陽以外のすべての自然物にも当てはまる思考法だという点を理解することになるのである。理解したら、「一般性を理解した」ということになる。

もう一度いえば、実体の一般化とは、すべての自然現象のことだ、ということになる。一般化すれば、太陽の場合と同様に、たとえば星々もまた実体だということになり、星々の情報化も科学的に考えることができることになるのである。天体に限らず、気象でも、地震でも、造山運動でも、自然災害でも、生態系も、その他自然の問題はみな実体として、科学思考の対象となることが理解されるのである。

さらにいえば、自然現象だけではなく、社会現象もまた実体になるのである。社会現象も実体であれば、科学思考の対象にすることができるのである。鴨長明の『方丈記』を想起せよ。彼は、社会の変動をよく見ていた。実体とは「変動」ないし「万物流転する」もののことをいうのである。社会現象も変動するからシステムなのであり、システムであれば社会の構造と機能があるのである。「実体の情報化」という科学の定義によってようやく、これまでの不十分だった自然科学も、社会科学も十分に考察することができるようになるのである。

注意するべき点は、実体それ自体は「万物流転」するという点である。「流転」するということは、「形のある」ものごとが一瞬たりとも静止、停止することなく動いているということである（アナログ時計の針が休まず動いていることを想起せよ）。ここで、難点が一つ露呈するのである。それは、動き自体＝流転自体には「形がない」から（動きは物体の「軌跡」でしかない）、五官はキャッチ・入力することができないし、したがって脳も情報処理、認識することはできないという点である（五官は物質・物体の静止形しかキャッチできない）。

視覚の機能は、動きつつあること自体はキャッチできないが、しかし動きつつある実体（形のある物体）でも動態視力がキャッチできる範囲以内ならば、「物体の一瞬、一瞬の姿」を切り取ることはできるのである。切り取って静止化した、デジタル化したその「姿・形」を脳へ送り込み、その静止形・像を脳が情報処理をして、認識するのである。早く動くものについては、肉眼では一瞬一瞬の姿はキャッチしにくくなるので、その不足を補うために超高速度カメラなどを開発するのである。このカメラの写真フィルムの一枚一枚を視覚が見て、何ものであるかを脳が認識するのである（光の速さは超高速度カメラでもキャッチできないから、今でも光の正体はわからない）。五官や脳はそのように、アナログ自然をデジタル化して、可視化して「情報」（認識）を手に入れているのである。これで、自然現象も社会現象も正確に認識することができるようになったのである。

そういうわけで、実体の情報化＝本ものの科学の時代は、実は、これから（二十一世紀から）ようやく始まるのである。これからの時代が、「本ものの科学時代」になる、ということである（国家存在の正当化理論も、二十一世紀からようやく構築できるようになるのである。そういう点で、私は、過去の国家論は一度ご破算にした方がよいといいたいのである）。これまでの科学時代は、「準・科学時代」（本ものの科学思考の準備段階の時代）という名称で呼ぶのがよいであろうか。つまり現在は、「準・科学時代」から、「本ものの科学時代」への転換期なのである。いいかえれば二十一世紀は、旧思考法（旧世界観）をすべて新思考法（新世界観）に切り替える時代なのである。切り替えができれば、旧世界観から脱出して、新世界観へと「世界観が変わる」ということになるのである（たとえば旧世界観＝自国ファーストから、新世界観＝世界ファーストへの思考も、その一例である）。

頭の切り替えができない人は、準・科学思考＝旧世界観で思考するしかないのだから、これまで通り、厄介な問題を解くことはできず、これまで通りの「不満足」を我慢して、ブツブツと小言を言いながら、生涯を送ればよいのである。たとえば、二国間で緊張関係が発生すれば、戦争問題の解決はできないのだから、戦争の悲劇を受容していればよいのである。それは、自業自得だというしかないのである。戦争を受容したくなければ、新世界観に頭を切り替えろ、というしかないのである。自分の「考え方次第で、問題は解決する」ということである。

＊感覚器官と脳との関系

「モチーフその一」の実質的な内容を十分なものにするためには、情報の処理について、もう一歩を深めておいたほうがよい。

視覚が太陽＝実体をキャッチしても、それだけでただちに、太陽の動きが「わかった」(理解した)ということにはならない。「わかった」と認識する組織は、大脳新皮質・側頭葉の機能である。まずは視覚(一般には五官)が情報源をキャッチしなければ、何も始まらない。視覚がキャッチ・入力した太陽像は電気信号に切り替えられて、大脳に伝えられる(大脳は約一千億個の細胞の固まり＝物体だ)。この大脳システムが、太陽の姿、太陽の動き方をいろいろと情報処理をして(機能して)、情報＝判定＝答えを出すのである。大脳システムの全体は、前頭葉、前頭連合野、側頭葉、頭頂葉、後頭葉その他の連合野組織に分かれており、それぞれが役割を果たしているのである(分業システムだ)。

それぞれが役割を果たしたときに、太陽の動き方の判定ができるし、判定ができたときに、人間の意識が「わかった」ないし「認識した」というのである(この認識が本当に正しいのかとして、前頭葉、前頭連合野が深く吟味するのである。後述)。実体の情報化には、五官と大脳との総合作業ないし連携によって、太陽の動きが理解できるのである。太陽の動き方の理解は、大脳の機能で決定されるのである。

ここで、はっきりと自覚するべき注意点がある。この点を見落としてはいけない。すなわち、五官が実体を入力・キャッチした場合に「かぎり」、脳はその実体について情報処理をするということである。たとえば視覚が太陽をキャッチしたら、脳は太陽についてだけ情報処理をするのである。脳は、一度に二種類の事項は思考できない。つまり脳は、太陽と星々との二物を同時に情報処理をすることはできない。いいかえれば、五官がキャッチしない実体については、脳は何一つ思考し、判定を下すこと＝情報処理をすることはない、ということである。

わかりやすい事例なら、なぜ未来については「現実認識」ができないのか、である。未来という時制が、現在という時制には到来していないから（現在化していないから）、五官は未来をキャッチ・入力することができないのである（現在と未来を一度に認識することはできない）。五官が未来を入力しないのだから、脳は未来について何一つ情報処理はしない＝未来はわからない、ということである。

ただし、今日までの経験を踏まえて、明日・未来に向けて計画なり予定を立てることから、明日にはこういうことが起きるだろうと「推理、推測、予測」することはできる。未来のことはすべて、推理、推測、予測である。天気「予報」と同じである。当たり外れがある。

ついでに予断をはさめば、ハイデッガー（論理学者、哲学者）は、現在と未来とが不可避のこととして「つながっている」という理論を提示した人物である。彼は、「未来に差し掛けられてある現在」というような表現をしていた。つまり、「過去。現在。未来。」ではなく、「現在―未来」と考えたのである。人間は明日に向けて計画や目標を立てないではいられないということは、人間の思考や行動がいつも「未来に向けてだけ投げ出されている」ということになる（「投棄」ともいう。過去に向けては投棄しない、ということだ）。「未来投棄説」は、現在と未来がつながっているという証拠の「理論＝説明」なのである。つまり、「未来」は必ず「現在」化するという思考である（現在化するのは、万物が流転しているためなのであるが）。

しかし、いくら推測しても推測は推測でしかない。現実認識にはならない。未来について現実認識はできないが、未来予測なしでは、あるいは、計画や希望を未来に投げかけないならば、日々がうまく動かないのも、人間の運命である。未来とのつながりは、運命なのである。運命というのは、未来時間からは「逃げられない」ということである（「未来を見なさいよ」といわれることになる）。このような過去、現在、未来という「時間」概念は、人間の脳が考え出した貴重な理論・作品・発明品である（具体的には、「時計」の発明だ。自然自体は流転するだけで時間はないが、人間が流転につき「時間」概念を発明し、認識し、表現をしたのだ）。この点を踏まえると、未来論が出てくる。そういうわけで、ハイデッガーの「時間論」は参考になるのである。

このように、実体の情報化には、いいかえれば科学的に思考する場合には、大脳に関する知識をできる限り、あらかじめ深く学習しておくのがよい。だから、天動説一つを取って見ても、これが天動説だという前に、いろんな知識が前提として身についていないとわからないのだ、ということになる。そういう意味では、科学的に答えを出そうとすると、あれこれの分野の学習をしておけ、できれば諸分野を総合的に学習をしておけ、といわれることになる。

本ものの科学的思考は、「基本となる視点」では、①自然科学と社会科学とを分けるのではなく、両者を「まとめ」て、単に、「実体を情報化する」といえば済むことである。なぜなら自然問題も社会問題も、等しく「実体」なのだからである。次に②としては、基本となる視点をベースにして、次に、多様なあれこれの現象を突き止めるために、個別具体的に研究分野を設定し、分野を細分化して検討していくことになる（「一を分けて二とする」思考）。そこで科学とは、①と②との全体である、ということになる。

＊天動説の科学的説明へ

テーマとモチーフ（この点を重視していたのは沼正也教授であり、私はかなりの程度だが、訓練された経緯がある）、実体の意味、五官と大脳の関係、情報処理の意味、情報科学等々がわかったので、ようやく天動説とは何かを考える順番がまわってきたのである。天動説も一つの学説になるという点がわかるまでには、意外や意外にも、古代ギリシャ時代から数えれば、二五〇〇年以上もの時間が流れたのである。いいかえれば、二千五百年もの長い間、真に科学的であるという、科学の定義がなかったということになるのである。専門家も、科学の明確な定義なしで、研究を続けてきたとしかいいようがない。定義なしでは、結局、何一つとして明確な結論、解決はできないのである（二千五百年以上というのは、古代ギリシャの時代から養老の定義が出現するまでの年数だ）。

歴史を振り返って見れば、もともとは、古代ギリシャ人の「宇宙観」に端を発するのである。その宇宙観とは、太陽が万物の中心に据えられており、万物は太陽を中心にして存在している、という思考であった。「太陽中心の宇宙観」であった。その後、ローマ・カトリックが、「地球中心の宇宙観」を主張するのである（プトレマイオスの天動説＝地球中心の宇宙観）。そして両者はその後長い間にわたって、対立し続けるのである（やっかいな「出来事」＝２次元現象が生じたということになる）。

当時の宇宙観はいずれも、「神話的な、あるいは、宗教的な宇宙観」だったのであろう。日本でもたとえば、空海の宇宙観は宗教的なものだったであろう。大日如来観、如来曼荼羅観。「大日＝太陽」中心の宇宙観。空海の宇宙観は、仏教的でもあるのだが。

その後、コペルニクス（一四七三〜一五四三。ポーランド人、天文学者、医師、牧師）が出現し、古代ギリシャの思想を受け継いでおり、プロテスタントであり、ローマカトリックに対抗するという思考をしており、結果として太陽中心説＝地動説（公転説）といえるような思考を進めたのである。彼の特徴は、宇宙は太陽を中心にして万物は「円軌道」（公転説）を描いていると考えていたことである。これは、宇宙というものは円形で「整然とした形」であると考えていたことである。整然としていることは「美しい」という、宇宙に美観的な意味合いがあると考えていたのである。

コペルニクスの死の二十一年後に、ガリレオ・ガリレイ（一五六四〜一六四二。イタリア人）が誕生する（徳川家康と同じころだ）。彼は主として物の運動に関する研究をしていた。等速運動や加速運動、慣性の法則などを考えていた。数学が得意で数学の教授も歴任していた。一六三二年『天文対話』を発表し、地動説的な宇宙観を表明した。彼はすでにコペルニクスに賛同しており、『星界の報告』をしていた。数学が得意なガリレイは、コペルニクスの円軌道＝公転は整然としている美しい宇宙観だという点を、数学で裏付けをすることを考えていたという。ガリレイもまた、整然とした宇宙観を持っていたのである。一六三三年、ガリレイの地動説（公転説）は、教皇ウルバヌス八世の怒りを買い、「異端審問所」で断罪されたのである。処刑に臨んでガリレイは、「それでも地球は回っている」と最後の弁明をしたのである。これが有名になって、地動説はガリレイが唱えたものということになったのであろう。

その当時ならそれでもよいが、現在から見れば、それは正しくはないから、訂正するべきである。ガリレイの生誕よりも二十一年前に死亡したコペルニクスが、すでに、地動説（公転説だが）を唱えていたのである。マルキストたちの間では、マルクスは「コペルニクス的転回」思想を描いた人物だと、コペルニクスが広く知られていたのである。地動説の発見者はやはりコペルニクスだ、というべきではないだろうか。すぐ後に見るが、地動説に関してはフーコーが「自転説」を唱えるので、これもまた無視してはいけない。

ガリレイと同年代のケプラー（一五七一～一六三〇）は太陽中心説（地動説＝公転説）を支持して、「ケプラーの三法則」というものを発表した。それは、

第一法則―楕円軌道の法則。惑星の公転は太陽を中心点とする楕円軌道

第二法則―面積・速度の法則。各惑星の運行速度と運行した面積の関係が一定だ

第三法則―世界の調和の法則

である。公転は「楕円軌道」だという点が特異であり、今から見ると科学的思考（観察と計算）をして

いたということになり、現在の「地学」といった高校の教科書でもほとんどが通用しているのである。ケプラー理論はガリレイ理論よりもはるかに正確である（私の大学受験科目では、理科一科目、数学も一科目があったので、理科では「地学」で受験した。このときに、ケプラーの三法則は学習しておいたということになる）。

最後に、フランスの物理学者・フーコー（一八一九～一八六八。明治維新の年に死す）が出現し、一八五一年「振り子実験」を行って、地球の「自転」について解明するところとなった。自転説は、フーコーという「近代人」によりはじめて明らかにされたのである（それまでは公転説しかなかった）。自転説を唱えた近代人フーコーによってはじめて、「天動説はおかしい」といえたのである。いいかえれば、公転説は天動説とは正面から対応・対置される理論、「口角泡を飛ばしてする議論」ではなかったのである。

あらためて地動説を整理すると、地動説には、①公転説と自転説があるということ、②コペルニクス、ガリレイ、ケプラーの三人は公転説を論じたということ、③フーコーは自転説を唱えたということ、である。そこで、コペルニクス等の三人は、太陽が公転しているのではなく、地球が公転しているのだという点では正しい。しかし、天動説（太陽が一日に一回転する）は、公転説（一年間で一回転する）に対置されるべき議論ではなく、フーコーの自転説（一日で一回転する）に対置されるべき議論なのである。私は、天動説の議論では、コペルニクス、ガリレイ、ケプラーは持ち出す必要がなく、フーコー一人を持ち出せば十分だと考えているのである。

地動説論者たちはまだ、脳科学を知らなかったので、天動説は間違いなのか、正しいのかと改めて問い直してみた場合、これまではだれも、何の証明もしていないのである。ローマカトリックが天動説を唱えていたので、科学者たちは天動説が宗教的な思考でしかないと、思い込んでいたのであろう。天動説も改めて科学的に検討して見ようとは、誰も思わなかったのである。脳論がまだなかったので、天動説を脳科学的に、「実体の情報化」として見てみようという発想がなかったのである。

情報科学（実体の情報化理論）が出現してはじめて、両者がどういうものであるのかが、はっきりとわかるようになったのである（そういう点で、古代ギリシャ時代から養老時代までには、二千五百年以上を要したというのである）。

すなわち、五官特には視覚が実体・太陽の動きをキャッチ・入力し、それを大脳が情報処理をして、その結果として「太陽は繰り返し動いている」（これは自転説に対応している）という法則としての情報を表明することができたのである。「繰り返し」という意味で「法則」である。天道説は、視覚が太陽を入力していたのである。地動説は、視覚が星々、惑星を入力していたのである。両者は、単に視点が太陽か、星かという違いなのである。天動説が学説の一つになれるのは、脳が太陽という「実体を情報化した」からである。立派に、科学的説明になったのである。たとえば私の前をネコが横切ったとき、視覚はネコ＝実体の動きを入力し、それを脳が情報処理をして、「ネコが右から左へと横切った」ことを認識したのである。この認識は実体の簡単な情報化であるが、正しい。天動説は、視覚が太陽の動きを入力していたから、脳はその情報処理をしていたのである。つまり、このネコの場合と同じ思考方式で太陽・実体を情報化していたのである。天動説はただそれだけのことだといってしまえば、それだけのことなのである。

問題は証明である。あるいは、証明という「説明法」の問題なのである。証明には、実体＝太陽の姿が情報化されたという、思考の手順を示せることが必要なのである。実体を大脳の思考順序に即して情報化した場合に、天動説も科学的思考となるのである。科学的に見た天動説には、地動説と同じく、宗教的な意味合いはゼロになるのである。

ようするに、「実体の情報化」論を使えば、天動説も地動説も科学的説明には決着がつけられるのである。私は、天動説も地動説も科学的には同等に正しく説明ができる、という主張をしているのである。多くの地動説論者は、「実体の情報化」思考をしていないので、今でも天動説は間違いだ、と思っていることであろう。教科書では天動説は間違いだと教えるから、受講者はそのように「刷り込まれている」だけなのである（刷り込み＝暗記をしているのだ。日本の学校という場所は、まさに、「刷り込み場所」なのである。「覚えろ！」は「刷り込め！」である）。つまり日本人の場合には、間違いだという「証明をしていない」で、天動説は間違いだと「刷り込まれてきた」だけなのである。

＊地動説における実体とは何か

ここでようやく、「地動説とは何か」という次のテーマを、明確に立てることができる順序が到来したのである。このテーマを科学的に解く場合でも、天動説の場合と同様に、「実体を情報化」すればよいのである。

まず最初に、実体は何かを見つけることである。地動説の内容は「地球が公転・自転している」という主張であるから、地動説の実体は、地球の姿、地球の動きのことになる。すなわち、

地動説の実体＝地球の姿、動き

である。ケプラーまでは「地球の公転」のことである（ケプラーの楕円軌道）。地動説の実体は、「地球の姿、その動き」のことなのである。だから思考の順序としては、①視覚（一般には五官）が地球の動き・公転をキャッチ・入力すること（天動説は、視覚が太陽を入力していた）、②地球の公転像を大脳に伝えること、③大脳が情報処理をすること、である。

天動説では目＝視覚が太陽の動きをキャッチしたのであるが、地動説では目＝視覚は地球の動き（円軌道、ないし、楕円軌道や自転）をキャッチしていなければならない。視覚が地球の動き＝公転をキャッチすれば、脳はすぐに、天動説と同じように、地球の公転・自転に関して情報処理を開始することになる。

しかし、ここで大変な問題点、疑問点が発生したのである。すなわち地球の公転も自転も、視覚は、何一つキャッチしてはいなかったのである。視覚は地球の動きについては何一つキャッチしていないのだから、大脳は地球の動きに関して何一つとして情報処理はしないのである。大脳が情報処理をしないのに、どうして地動説がわかったのだろうか。これが、実体の情報化論から見た疑問点になるのである。

もしも視覚が地球の公転や自転をキャッチ・入力したら、どういうことになるだろうか。たとえば、地震を考えて見ればよい。震度5くらいの地震が起きると、人はもうスムースには歩くことができない。同じく視覚が地球の動きを入力したら、おそらく目が回って歩けないであろう。生活もできないであろう。人間の視覚（五官）は、地球の動きを入力してはいないのである。事実としては地球が公転、自転しているのに、目が回るわけでもなく、生活ができるのは、今では、慣性の法則のためだと知っているからであるのだが。

地動説論者は実は、視覚と脳との連携作業（脳論）には、気がついていなかったのである。いいかえれば、地動説論者は、実体の情報化における「実体」とは何かという発想をしていないのである。つまり、実体の情報化思考は知らないで、地球を含めていろんな星や惑星の位置関係などを観察し計算していたのである。だから、天動説が太陽＝実体を情報化していたという点は、当然のことながら知らないわけでる。この点は、脳論がわかればわかるのだ、ということなのである。

＊地動説思考と天動説思考とは、実は、同じ思考法だった

それでは、地動説の思考法を見ていこう。まず、地動説の場合の実体とは何かを、つかまえなければならない。天道説は視覚が「太陽」を入力していたのに対して、地動説の場合、視覚は「たくさんの星や惑星」を入力していたのである。地動説における視覚の対象＝実体＝情報源は、「星々の動き、

位置関係」だったのである。星、惑星の動きをいろいろと比較しながら観察しているうちに、ようやく惑星＝地球の動き・公転もわかってきたのである。

科学的思考（実体の情報化）から見れば、天動説と地動説とでは、視覚がキャッチしていた対象物が違っていたのである。天動説は視覚が太陽を見ていたのであり、地動説は視覚が星、惑星を見ていたのである。この昼と夜の違いを自覚すれば、天動説も地動説も、すぐに理解ができるし、混乱を起こさないでもよかったのである。

ケプラーの出現によって、諸惑星間の位置や距離がわかり、数式と図解により、誰でもが認めるべき解を、一応のところ見出したのである。しかし、ガリレイと違う点は、ガリレイは「円軌道」を考えており、ケプラーは「楕円軌道」を発見したのである。現在教科書に出てくる数式や図解は、もう「ケプラーの三法則」によるのだ、といってもよいのである。地動説の科学的説明ならば、「惑星を実体とした情報化だった」のである。視覚の対象物＝実体が太陽（昼の話）か、惑星（夜の話）かの違いなのだと、はじめから自覚していれば（どちらも「実体の情報化」だと知っていれば）、いい争いはしないで済んだのである。ガリレイも、死刑にならずに済んだのである。

地動説は確かに地球が公転していることを突きとめたのであるが、その思考法が「科学的である」という証明は、誰もやってはいないのである。観察・計算の結果、そうなったというだけなのである。「観察」とはどのような「思考法則」であるのかについては、まったく知識がなかったのである。論者たちは、星々の動きを「実体」として、それを「情報化」していたのに、その自覚はまだなかったのである。「汝自身」をまだ知らなかったのである。「汝自身を知る」ということは、脳論＝「万事は自分の脳のしわざ」であることを「知る」ことなのである。これで、古代ギリシャ時代からの疑問点は解決されるのである。

天動説論者も地動説論者も、どちらも同じく実体（天動説＝太陽、地動説＝惑星）を視覚が入力し、脳が情報化していたのだから、どちらも同じ科学的思考であり、どちらも正しいということになるのである。そのように見れば、基本となる思考法は「同じ」＝「実体の情報化」なのである。これが、結論である。

私がここで何を主張したいのかといえば、ものごとにはすべて「新定義」＝「実体の情報化」という思考をして見なさいよ、ということである。天動説を持ち出したのは、そのための一つの「参考事例」なのだ、ということなのである。

＊思考法を見直す…観察とは二型思考法なのだ

養老孟司は、そもそも思考には、一型思考と二型思考があるのだ、という点を明示している。この一型、二型という番号表現は、私が養老のいう「二種類の思考法がある」の説明につき、私なりに一、二と番号を振ったのである。

養老は、次のようにいう。一つ目の思考法は、「実体＝情報源が外界と脳内とをぐるぐる回るループだ」という。そのループとは、次のようである。実体＝情報源＝外界の太陽の動きないし星の動きを視覚がキャッチ・入力し、脳へ送信する。その信号を脳が考える＝情報処理をする。情報処理は、「外」のもの＝情報源を入力し、「脳内」で情報処理をするということである。認識はいつも、「外」から「内」へという関係になる。これを簡単に、「外と内とのループだ」といっているのである。私はこれを、「一型思考」だとしたのである（養老『バカなおとなにならない脳』理論社。養老は「ループをまわせ！」を指摘している）。

二型思考というのは、次のようである。すなわち、外界から実体＝情報源を五官が入力し、脳が情報処理をしているうちに、実体に関するいろんな知識が記憶脳に蓄積されてくる。そうすると今度は、一型思考とは別に、記憶脳にたまっている知識が正しいかどうかを深く吟味するために、脳は深い思考を始める。「深い思考をする」とか「吟味する」という意味は、記憶脳内にたまっている知識を、前頭葉とか前頭連合野などの脳組織（ソフトウエア）が、厳密に厳密にと調べていく＝深く考えるということである。記憶脳内にたまっている知識の吟味をする場合には、新たな「外界からの情報源は必要ではない」という意味である（一型思考はしないでよい）。この点が、一型思考とは違うところである。脳内で深く吟味することを、養老は「脳内だけで回転するループだ」といったのである。これを私は、二型思考といったのである（一型、二型という方が簡単でおぼえやすいであろうというだけのことだが）。

一型と違って二型思考は、外からの情報源の入力は必要とはしない点に区別点がある。視覚的に見れば、専門家が研究室で、一人で、あれこれと実験をしたり思案をしている姿が見えてくるのである。

平たくいえば、一人で一所懸命に考えているということである。このプロセス（脳内ループ）を、私は二型思考といったのである。一型思考ですぐに答えが出ない場合には、二型思考が始まるのである。天動説は一型思考ですぐに解が見つかったのだが、地動説は一型思考だけではすぐには答えが出なかったので、古代ギリシャ時代からケプラーまでの長い間（千五百年以上もの間）二型思考をし続けていたのである。一型と二型とでは、そういう違いがある。専門家がいろんな自然現象、社会現象を「観察」するのは、二型思考法なのである。

地動説の各論者は、まさに長い長い間、星々の関係、惑星間の関係を、研究室で、一人で、あれこれと一所懸命に考えていたのである。この思考のプロセスが、二型思考なのである。このとき、地動説論者は太陽を見ているのではなく、「実体＝惑星を見ているのだ」という「一型思考」（視覚が情報源＝星を入力すること）に気がつき、しかしなかなか答えが出ないので、今度は、一型思考内容を深く吟味するという二型思考に転換しているのだということに気がつけば、思考混乱はなかったのである。しかし、「思考法」（考え方）には気がつかなかった（これを、脳論がないからだ、というのだ）。

天動説、地動説問題は、もしも太陽や星の観察の開始時点ですでに、①実体の情報化、②一型思考、③二型思考の三種類の思考法を知っていたならば、誰でも、天動説も地動説も正しいとわかるはずだったのである。現在でも天動説は間違いだという専門家がいるとすれば、それは、実体の情報化論もわからず、一型思考も、二型思考もわからないことの結果なのである。つまり、「本ものの科学思考」＝「いちばんよい考え方」は、まだ、知らないということなのである。

以上により、実体の情報化論、一型思考、二型思考の思考法を知った人だけが、天動説も地動説も正しいと理解ができるのである。正しい理解をしたいなら、前項と同じであるが、脳論に基づく正しい思考法＝実体の情報化＝新定義＝いちばんよい考え方を、今すぐにでも、身に着けてしまうことが肝心だ、ということになるのである。

モチーフその二

＊２次元思考と３次元思考＝論理学をモチーフに取り入れる

２次元思考、３次元思考の、その思考の仕方は、前章で説明しておいた。これを論理学だといい、この論理学は思考の法則だともいっておいたのである。これを、「モチーフその二」に位置づけるのである。いいかえれば、モチーフとして取り入れ、私のモチーフとするのである。モチーフにするということは、問題を解決する実践の開始点となるのである。

「モチーフその二」もまた、脳論に関係する。つまり脳システムの組織は自然に、進化の定向性で決まってきたのだから、脳の機能はその自然に形成された脳組織・構造に即して働いている・機能しているのである（脳も含めて身体は自然にできたオートメーション機器だ、といっておいた）。脳物体は自然物であるから、脳のシステム＝構造も機能も「自然」現象だ、という話である。

そもそも脳の「自然の思考法」ではどのように思考するのかというと、誰もがごく自然に、あるいは、ごく普通に、ものごとを「分けて見る」（２次元思考）という思考をしているということであった。何よりも第一には、視覚が「異なった実体」については、「異なった事象・事柄」として入力することである（視覚が太陽を入力する場合と、星を入力する場合とでは、「異なった事象」として入力する）。だから、脳は「異なったもの」として情報処理をする。こうして、脳は「違い」を認識する（違うものについて共通点を見つけるのは、その次の話となる。２次元事象がなければ、共通思考・３次元思考の必要性もない）。

たとえば、各人にリンゴとモモとの区別・違いを一々教えなくても、視覚の入力により、違うものは違うものだとして、つまりリンゴの姿とモモの姿とは、視覚が別のものだとして入力している。それで脳は、違うものだと判断し、認識しているのである。「自然に」分けて入力している、という意味である。二歳くらいの子どもでもすでに、見知らぬ人には顔をそむけるという見分けを開始しているのである。繰り返すが、自然のうちに分けて見るのは、視覚が、違うものなら違うものとして、そのまま入力していることに始まる。視覚が、違うものは違うものとして入力しているから、第一には、脳は違うものは違うものとして情報処理をし、認識するのである。

次に自然の認識を越えて、どのように違うのかという「理屈」をこねる場合には、「あらためて、意図的に」見分けるのだといってきたのである。この「意図的に見分ける」という点が、サルとは違うといってきたのである。サルの脳に比べて人間の脳の「ち密」な構造が、「意図的に見分ける」という「機能」を保証しているのである。見分けには、以上のように、①自然の見分け方と、②意図的な見分け方との二種類があるのである（すでに説明済みだが）。

自然の見方の場合には、「差異、違い、特殊」を自然に見分けているのだが、論理学という「学」の場合には、自然に分けて見るのとは違って、「あらためて、意図的に、自覚して」見分けるという点が付け加わるのである。科学的な言葉でいえば、「意図的に、自覚して、分析・分類する」ということである。この思考法を実践論に向けて、「モチーフその二」の一つに取り入れるのである。

「モチーフその二」のもう一つは、共通性＝3次元思考＝「まとめ」を発見する思考法である。これもまた、「モチーフその二」に取り入れるのである。このように、2次元思考と3次元思考という「思考法」を、「モチーフその二」として取り入れることにより、実際の、現実の問題の解決を開始するのである。だから、問題の解決のためにはいつも、「モチーフその二」を自覚していなければならないことになる。

現在の自然科学者たちが数多くの元素を「分けて見る」のは、もともとはものごとを「自然のうちに」分けて見ているのだが、元素などは目には見えないのだから、それをあえて見ようとするならば当然に、「あらためて、意図的に」見分けるということになる（電子顕微鏡で見る場合もまた、意図的になる）。サルにはそのような意図的に分けて見るというモチーフがないから、元素を分けて見るといった思考はしないのである。

ただしこの意図的な「見分け」は、惜しいかな、2次元的思考法なのである。この2次元思考は3次元思考の前提として必要なのであるが、2次元思考を「唯一」の科学的思考だと思い込み、その先＝3次元思考をしないのであれば、それは思考不十分だ、と指摘しておきたいのである。「その先」＝3次元思考もしてはじめて、必要にして、かつ、十分な思考になるのである。3次元思考＝まとめる思考もしてはじめて、問題が解決されるのである（個別専門家も、個別分野の範囲以内だとしても、2次元思考かつ3次元思考をしているものなのであるが）。

社会問題でいえば、米中とか米ロの対立の「意図的な見分け」は個別科学的な2次元思考であるが、それだけで科学的思考をしたと思い込み、「その先」＝「対立のまとめ」を考えないのであれば、米中間の対立問題は「解決できない」のである。多くの専門家は、意図的な見分けをし、分析をして、つまり2次元思考をして、それで唯一の科学的思考をしていると思い込み、論文を書き、テレビの解説者なら「違い」を深く解説するのである。そこで終わっているのである。解説者は、「対立の解決法」については、一つも主張をしないのである（多分、解決の「思考の法則」を知らないからであろう）。

3次元思考をすれば、対立者の主張も一面では正しいとしても、どちらも他の面では間違っているという視点も見つかるのである。学者ないし専門家が対立・2次元事項だけを深追いし、対立事情は深く詳しく説明ができたとしても、「解決法」は何も出てこないのである。だから、学者、解説者、評論家はたくさんいるのだが、いまだに対立問題は解決していないのである。問題が解決されていないということは、誰もが「解決思考を持ち合わせてはいない」といわざるを得ないのである。おそらく、2次元思考で区別を捕まえたならば、その延長線上で解決ができると思いこんでいるのであろう。2次元思考レベルで解決しようという試みはすべて、失敗するのである（戦争ならば、強いもの勝ち、で終わるのだ）。

世界中のあらゆる分野の学者・専門家が（世界では何十万人もいることだろうが）、その全分野の学者・専門家がすべて3次元思考も普通にするのであれば、国家間対立・戦争などは、適切に解決できるのである。あるいは、アメリカ大統領、ロシア大統領、中国の国家主席の三人が、絵にかいたような3次元思考をすれば、三者の対立問題は解決に向かうのである。

2次元事項・対立事項ならば、世界を見渡せば見飽きるほどたくさんあるのである。たとえば日本史上に現れた2次元事例を探して見れば、あきるほどたくさんあるのである。一事例としては、「保元の乱」（一一五六年）がわかりやすい。図式化して見れば、皇位継承を求めて天皇家の血を引く兄弟が争ったこと、つまり兄と弟の対立という2次元事項が生じたことである。兄弟はどちらも、どこまでも「妥協はしない」ので、2次元事項＝対立・矛盾＝敵・味方の対立を深めていった。ついに大混乱となり、その結果は、天皇になりたいのに、天皇制・貴族制という平安時代の制度それ自体を失ってしまったのである。バカな話だ。兄弟争いが結果としては求めている天皇につき「元も子もなくした」のである。適宜に妥協をしていれば、少なとも平安時代は持続でき、兄弟が譲り合って順番に天皇になれれば、目的・希望は果たせたのである。「社会は妥協の産物」だという点を知らないことが、「元も子もなくする」のである。

結末は、「平治の乱」で「武士の時代」になってしまった。もう平安時代・天皇制・貴族制は戻ってはこないのである。２次元思考を徹底すると、被害は自分に降りかかってきて、「元も子もなくする」のである。これを自業自得という。歴史は、自業自得の教科書である。

さらに悪いことには、「武士の時代」でもまた、新たな２次元事項・対立を次々と生み出し、武士制度を「元も子もなくし」、民主主義制度に変わるのである。民主主義制度（資本主義）も、国内や各国間で２次元の対立事項に拘泥していると、「元も子もなくなり」、次の時代へと転換するのであろう。米中、米ロの対立も２次元事項に拘泥しているから、そのうちに互いに「元も子もなくする」ことであろうと、経験的に予測することができる（この「元も子もなくする」しかたを予測すれば、第三次世界大戦であり、核戦争であろう）。

２次元思考者は、「元も子もなくしてはじめて、しまった」という「後悔型人間」なのである。中国はいつも「歴史に学べ」というのであるが、一度も「歴史に学んだ」ことはなく、どの時代の皇帝も「元も子もなくして」しまい、これを延々と現在でも繰り返しているのだ。もしかして中国は、皇帝の独裁こそが中国の歴史そのものなのだ、という認識なのであろうか（独裁史に学べ、ということだろうか）。歴史に学ぶことは、独裁制度を堅持するという認識なのであろうか。どうも、よくはわからない国だ。これまでの世界の歴史は、２次元事象の手本なのである。３次元思考をすれば、戦争をはじめとする対立や不純物は「解決」に向かうのである。

何をするのも、考え方次第なのである。この考え方の中で、たとえば「戦争抑止力」になるのは、「核兵器保有・使用」＝2次元思考ではなく、「あらためて意図的に3次元思考をする」ことだけである。それ以外にはない。一般化していえば、3次元思考とは、唯一の問題解決法・矛盾解決律なのである。現在でいえば、八十億人の、ただ一つの、共通の「思考の法則」なのである。

戦争解決論については別の機会に譲るしかないが、一言しておけば、戦争実行者は2次元思考だけで、3次元思考を「知らない」のである。大事な点は、「知ること」なのである。3次元思考を知っていれば、問題解決へと手が打てるのである。繰り返すが、何ごとも「知らないこと」が罪を作るのである（今でも、ソクラテスを忘れてはいけない、ということになる）。

モチーフその三

＊自然論

「モチーフその三」は、自然論である。2次元思考法、3次元思考法がわかったので、実際に、現実問題で実践して見ようということになる。この場合のテーマが、自然論だということである（論者はそれぞれに、自分のテーマを自由に立ててよいのだが。私の場合には、自然論を立てて見るのである）。

ここでの要点は、自然科学分野の人も社会科学分野の人も、同じく自然論を前提として踏まえておけ、ということである。「全体知の見取り図」の最左辺の「自然」概念は、万人が知るべき概念である。だから社会科学分野の人も、当然のことながら、知っておくべきことである。自然分野については特に、社会科学分野の人には、あえて学習しておかなければならないであろう。自然分野の人ならば、社会的実践として、総選挙では投票をする。だからそれなりに、社会科学分野についても、それ相当の見方がある。また、政治家になる人もいるのである。

結論は、自然科学者も社会科学者もともに、共通点として、自然科学の基礎思考（脳論）は踏まえておけ、ということである（これで、自然科学者も社会科学者も対等、平等になる）。

そういう意味で、「モチーフその三」として「自然論」をかかげるのである。資本主義社会問題でも、資本主義の範囲以内（仮想現実の範囲以内）でだけ思考するのではなく、資本主義論＝人工論も自然論から見た場合ならどのように見えるのか、という考え方をするのである。「仮想現実」と「実質現実」との関係を想起せよ、ということである。現在の社会科学専門家ないし資本主義の経済論者のほとんどが、「自然科学」面（一般的に言えば、自然論）を無視ないし置き去りにしているのである。これまでの「分業思考」だけではダメなのであり、「協業思考」＝基本となる総論思考をしなければならないのである。

ここでは、理系か文系かという、分けた思考はしないことにする（垣根を超える）。自然も社会も一緒くたにして、「実体の情報化」という思考をするのである。この「一緒くた」を意図的に分けて見ると（一を分けて二とすると）、自然科学の「個別具体的な専門分野」と社会科学の「個別具体的な専門分野」とが分けられても来るのだ、という順序になる。高校生、大学生には、個別自然科学と個別社会科学の垣根を取り払った、統一した「科学総論＝実体の情報化論」を必須科目とすればよいのである。

これまでの見かたでは、村・共同体社会でも都市・資本主義社会でも、社会を支えているのは、ナマ身の、生きている、自然の動物面＝いわゆる本能も備えたサピエンスだということであった。人工社会も、その社会を具体的に支えているのが「ナマ身の人間」・サピエンスであれば、太陽光が必要な人間＝自然受容型人間なんだということは、理の当然なのである。そういうわけで、自然受容型人間の立場から、自然拒否型資本主義社会システムをあらためて見直そうということである。

これまでの自然科学は、自然といっても、生命のない自然物質を研究の対象にしてきたのである（物理学、工学など）。その後、生きている細胞や血液、骨や筋肉なども生きている「物質」だとして、生物の物質面も研究対象にした（生物学、解剖学、生理学など）。これまでの社会科学は「人間関係面」を対象にしているのだが、まさに「人―人」関係を見ていたのである。しかし人間関係面は、「人間―脳―思考」でも見ておいたように、脳論にまで掘り下げなければならないのである。すなわち、人間関係＝私の「脳」―あなたの「脳」関係論＝「脳―脳」関係論＝情報論として取り上げなければならないのである。

この「脳―脳」関係が、情報科学の基礎となるのである。「脳―脳」関係という自然面が、とりもなおさず人間関係＝社会関係面なのである。社会は、「脳―脳」関係なのであり、「脳―脳」関係は同時に、自然面でもあるのである。ここに、自然面と社会面とが重なっているのであり、統一＝一体化しているのである。

「脳―脳」関係＝情報面も扱おうということになれば、どうしても「脳」についての知識が必要になる。社会科学者も脳の学習＝脳の自然物体性という側面＝自然科学を学習せよということになるのである（「脳のしわざ」を知れ！少なくとも大脳辺縁系と大脳新皮質との関係は知るべきなのである）。

今西錦司のいう「生物社会学」は、自然科学か社会科学かという二分裂論思考はしていない。人間も含めて生物はすべて、「種の社会」を持っていると、統一的に主張した（今西は「自然―の中の―人間」だという「まとめ思考」を主張）。今西は、文科省の分類では自然科学者だとされているのだが（京都大学農学部所属だから理系と見るのだ）、本人は「種社会論」の延長で、『人間社会の形成』にまで、普通のこととして議論を進めている。そうすると文科省の分類では、今度は、今西を社会科学者だといわなければならなくなる。いったい今西は、自然科学者なのか、社会科学者なのか？ということになる。養老も今西も、自然科学者であると同時に社会科学者でもあるのである。沼正也や守田志郎も同じだが。ようするに、「実体の情報化」学者なのである。

これからの本ものの科学の「基礎理論」では、自然科学（理系）と社会科学（文系）という分け方は排除した方がよい、ということである。自然科学も社会科学も共通して、科学は「実体の情報化」だという視点一本に絞り、その視点で研究するのがよい。つまり、自然科学も社会科学も「脳論」を基準にして研究し、研究成果を「情報」として明示すればよい、というだけの話になるのである。

だから大学ならば、あらかじめこれまでの自然科学・社会科学を統一した＝両者の垣根を超えた「科学総論＝情報科学・実体の情報化論」を必須科目としなければならないのである。これを踏まえた上で、次には、個別具体的な専門分野に分かれていき、個別具体的に研究する専門家になるのがよいのである。大学の講義でこの点を実行すれば、順次、高校でも、中学校でも、小学校でも「右ならえ」をするのである。

資本主義社会（「仮想現実」）も、「ナマ身の人間」＝サピエンスの「生きるための手段」でしかないといってきた。そういう点が、明瞭になるのである。自然論から見ると、そういう結論になる。社会は、生きるための手段であるから、核兵器のような「殺す、破壊するための手段」は「目的」的には、ないし「原理・セオリー」としては、排除されなければならないということになるのである。この点の追求からでも、戦争放棄論は取り扱えるのであり、ついには戦争本能論と合流して、解決論へと行き着くのである。いくら資本主義論を議論しても、資本主義論の2次元思考の範囲以内にとどまり、その範囲で戦争解決を考えても、決して戦争放棄論は出てこないのである。

ここではまずは、今西理論を踏まえておきたいということである。「モチーフその三」は今西理論を踏まえつつ、人間の自然面と社会面を統一して、本来の人間性を取り戻し、諸科学を統一するという、私にとっては、最後の仕事をすることになるのである。

＊生態系から見た人間

生態系という言葉を掲げたが、ここでの生態系については、私にはまだ意味内容が「あいまいな理解」だから、その内容を調べていくうちに、その意味内容がはっきりしてくるだろうという程度の見方である。

注意点は、現在の生態系現象は、すでに生態系として「完成している姿だ」と思い込んではいけない、ということである。現在でも未来に向けて新たな「生態系を形成しつつある」と見るべきである。万物は流転するのだから（進化も流転の一つだ）、どのような生態が完成形なのかは、おそらく人間にはわからないであろう。

生態系に終点があるとすれば、それは、全生物が絶滅する瞬間である。それまでは、生態系は変化し続けるのである。人間の思考は、常に変動しつつある流転の姿を追跡するという「プロセス認識思考」しかできないのであろう。「これまでには、ここまでは形成されてきた」ということしか議論することができないのである。もちろん生物の生態系の変動は、万年単位くらいの長時間がかかるといわれている。化石人類が現在のサピエンスになるまでには、すでに四、五百万年かかっている。長期的に見れば、進化するたびに生態系も変化するのである。棲み分けの仕方が変わるのである。

これまでにわかってきた生態系ならば、今西錦司の研究成果が出ているので、それを参考にしていくのが順序であろうと判断して、私は今西理論を採用して見るのである。参考文献としては、私は、今西著『生物社会の論理』を見ている（思索社）。理由は、その本がたまたま手元にあったからである（後に『今西全集』が講談社より刊行）。

今西の著書、論文等は、微に入り細に入りして、またラテン語が多くて、慣れないと読みにくいかも知れない。私は学生時代に、今西の「種社会」論には一応の手ほどきを受けていたので、また、バイオテクノロジーの手ほどきも受けており、分類学のまねごととして「日本スミレ」の収集もして見たので、だから後日改めてそういう分野に手を出すのには、いささか慣れており、違和感がないのである。文系の専攻者で高校、大学時代に自然分野の学習をほとんどやらなかった場合には、四十歳代、五十歳代になってから自然分野に手を出す場合、大変に抵抗感があるだろう。そういう人間形成ではダメ、なのである。

そういうわけで、大学側の作る「学部のカリキュラム」はよくよく考えておかなければならないのである。五十歳代、六十歳代になっても、文系は理系に、理系は文系に抵抗感なく手を出せるように、大学はカリキュラムを作らなければならないし、学生は学生時代に、両手使いができる学習をしておくことである。

今西理論なら、最大の視野で、いわゆる全体知の視野で「全生物」を把握しようとしている点に特徴がある（当然に、人間も含まれている）。いいかえれば、「生きとし生けるもの」のすべて＝全生物を網羅するという視野である。今西は全体の視野から、①「全生物の自然の姿」を、②「具体的」に捉えるという思考をしていたのである。だから注意して見ていれば、２次元思考と３次元思考とを適宜活用している点がわかるのである。

＊今西理論の紹介

『生物社会の論理』の目次を見れば、今西の思考の推移は大方わかるであろう。今西は最初には、生物分類学からスタートするのである。しかし分類しただけでは、生物の生活の場所のようす、生活様式などは何もわからないのである。分類学の分類のしかたは、目で見た個体の「身体の形態」を分けることとある。身体の形態をよく比較して見て、違いがあれば「異種」とし、同じであれば「同種」とする。今では肉眼で見えなければ、虫メガネや顕微鏡を使い、さらには遺伝子の違いにも頼ることがある。

たとえば私の経験からは、マルバスミレという個体を取り上げて見ることができる。目で見ると、葉が丸いからマルバスミレというのである（マルバ種）。肉眼ではよく見えないが虫眼鏡で見ると、葉の表面や、葉の淵に細かい産毛のような毛が生えているものがある。そうすると、分類学者は、ケ（毛）マルバスミレという別の名前を付けるのである（身体の形態に違いを見出したからだ）。ここに、マルバスミレ種とケマルバスミレ種の「二種」に分けることになる。一事が万事で、とにかくどうしようもなく「細分化」していくのである。人間なら約八十億人の身体や顔などはみな違うのである。だから分類を徹底するなら、人間は八十億種類に分類することもできるであろう。分類学はさすがに、そこまでは分類はしない。このように、微に入り細に入りして、分類（分けること）には切りがないのである。違いを厳密に見るのは結構なのであるが、「種」を基準にするならば分ける必要のないものを分けている事例も多いのである。

生物では交配といえば「同種」間の交配を指しているが（異種間では交配はできないはずなのだが。いいかえれば、交配ができなくなったら、種が分裂したというのだが）、特に植物では「異種間」の交配植物があったり、さらには「属間」交配でできた生物がいるのである。属間交配生物がいるということは、過度の分類をしたからであろう。つまり、「種」概念から見れば、分類のし過ぎなのである。交配ができるのであれば、同一種であるべきである。つまり分類学は、進化論との統一思考はゼロだった、関係はないとしていた、ということなのである。ダーウィン以来、分類学は分類学で独立しており、進化論は進化論で独立しており、両者の関連、統一論などは考えてもいないのである（分類学者と生態学者との、共同研究はやりたがらないのである）。これを悪く言えば、専門バカというのである（今西研究班は、自然、社会、人文の各分野の人達で構成されており、共同研究方式であった）。

そこで今西は、分類学者には「分類癖がある」と批判したのである。通説は、日本スミレは百二十種類に分類する。しかし今西は、六十種類に分ければ十分だとするのである。分類学のクセは、そのように細分化には切りがないということである。登録された二百万種という数も、分類癖を考慮に入れれば、半分くらいに減るかも知らないが。「人類」の分類も検索表を見ると、大変に細かく分けている。これも分類癖ではないかと思われる（「人類の図」では通説に従い、a～fの六種類に分けておいた。一種類でもよいのではないかとも思われる）。
こうして、今西は、見た目から切りなく分けるというよりも（2次元思考に切りがないことよりも）、むしろ「種」として統一しよう、「まとめよう」という思考が強く働いているのである（古代中国の論理学で言えば、「一を分けて二とする」よりも、「二を合して一となす」方にウエートがかかっているのである）。分類学は前提であるが、しかしまた「まとめる」ことに主眼を置いて、「種」概念を重視しているのである。ここに3次元思考・まとめ思考が見えるのである。

今西の求める生物の「種社会」論は、分類学には求められないとして、分類学からは足を洗うのである。ただし今西が分類学にも着目していた点がある。それは、分類学の分類基準が「種（スペシース）」であるという点である。「個体」が基準ではなく、「種」を基準にして分類している、という点である（人間なら八十億人の個人がいるが、種としては「サピエンス一種」である）。たとえば、欧米理論（個体の進化論）とは違い、今西は、「種」を単位にしているので、進化論も、個体が基準・単位ではなく、「種の進化論」＝種の多様化論となるのである。

人間ならば、八十億人の個人が「サピエンス種」という一つの「種」を「単位」にして「まとまっている」点を、重視するのである。この種というまとまりの中の個々のメンバーが小集団を作り、あるいは大集団を作って、地球の全面に放散したのである。放散はネアンデルタール人の時代におおかた実現した。欧米人ならネアンデルタールとサピエンスとは別物として分類・区別したがるが（とにかく細かく分けたがるのだが）、今西は区別はしない方に属する（サピエンスはネアンデルタールの延長線上にあると見る)。

最近の化石の新発見では、分類・区別しない要素の方が有力らしい。それは、ネアンデルタールの化石とサピエンスの化石とが、同じ場所から出土している点である。「同じ場所」というのは、「いっしょに暮していた」と解釈しやすいのだ。この新化石は、アジアで発見されたので、日本の国立自然科学博物館では、この点にコメントを提示している。すなわち、別物ではないだろう、という。この点からは、両者＝ネアンデルタールとサピエンスとが闘争し、サピエンスがネアンデルタールを駆逐して独立したという、これまでの欧米の解釈はできないということになる。サピエンスはネアンデルタールの延長であろうというように解釈しやすいのである（詳細は今後の研究を待つことだが）。

今西理論で、「生物の自然の具体的な在り方」は、「種」の意味を明らかにすることだという視点を持ち続けていたのである。

そこで次に、今西は、分類学からアメリカ生態学に飛び込むのである。生態学は当時は、アメリカの研究者が最新の理論を提示していたということで、アメリカ方式について調べることになる。アメリカ方式というのは、いろんな種類の植物が「共同体」を形成しているという理論であった。今西は、分類された多種類の生物が共同体として「まとまりを作っている」という点を重視した。今西は、この共同体は、今西が求めている基本の単位である「種」概念と一致するのではないかと見て、関心を寄せたのである。

しかしアメリカ思考は北アメリカ大陸で見られる植物中心思考であり、北アメリカやカナダなどは植物相が以外にも単純だということであり、熱帯雨林地域や日本などの温帯林地域の複雑な植物相の場合には、うまく当てはまらないということに気がついたのである。さらにアメリカ方式は、動物生態学を含んではいなかったので、全生物を見るという点で、アメリカ思考＝植物生態学＝共同体論は捨てることになるのである。

今西の関心、理論は、分類学から脱出し、アメリカ生態学からも脱出するところまで進んできたので、残る方向は、「種」を単位にした「社会的な在り方」を自分で求めるしかないということになるのである。今西が求めていたのは、「生物の社会」というように、生物にも「社会概念」が成立するのかどうか、という点であった。これまでの「生態学」を「種の社会学」として、「再構成」する思考方式であった（生態学を乗り越えて、社会学とする考え方だ）。

今西は、全生物の生きている基本単位を「種」と決定した。全生物は、「種」を単位にして、それぞれが「まとまり」をなして生きているということである（サピエンス種はサピエンス種とだけ結婚したり家族を作るが、チンパンジー種と結婚したり、家族を作ることはしないのである。同種内だけの交流となる）。各個体の生活も、個体が進化するのも、何もかもが「種」を基本単位としていると決定したのである。ダーウィンは、個体進化論の発見者である。ダーウィンを引き継ぐ欧米の進化論も個体の進化論である。今では、「個体の遺伝子のアトランダムな突然変異」と見ている（欧米の進化論の思考法は「2次元的思考法」＝「分ける」点にウエートがある。今西の「まとめる」思考法は、「3次元思考法」なのだという違いがある）。

新種ができるプロセスを図式的に見てみよう。たとえば、サル生活の基本は、樹上生活である。①

サルたちの中からは、一部のサルが樹上から地上に「ときどき降りて見る」（好奇心のある個体が現れる。ヒヒ類が代表的なのだ。チンパンジーやゴリラは夜間眠るときには、樹上に巣・寝床を作ったりするが、ヒヒ類は完全に樹上生活を放棄した）。②他の個体もまねて地上に降りて見る。③そのうちに地上時間が長くなり、地上でエサあさりをし、④仲間のサルが全部地上に降りて生活するようになる。⑤ついに樹上生活を放棄する。⑥この地上に降りた集団が「同一種」となる。同一種というものは、身体形態、生活の場所、生活様式の三点が同じだ、ということである（後述）。⑦新種の性質を子孫に伝えるために、受精卵に新しい遺伝子が確立する（欧米人のいう、アトランダムに変化しやすい遺伝子は、生殖細胞ではなく、体細胞の遺伝子であろう）。

今西進化論は、進化はもはや「個体次元」の話ではなく、「種次元」の話だということで、欧米の進化論とはたもとを分かつのである。

欧米の進化論が、「アトランダム」な遺伝子の変化だというのだから、進化が「逆戻りする」可能性もあるのである。しかし、進化は未来へ未来へと「定向進化」していくのである。逆戻りは、あり得ないのである（二百万種の生物で、逆戻りした事例は見られない）。ある種のサルの変化がアウストラロピテクスの方向へと向いたならば、一貫してその路線を進むだけなので、定向進化だという。そうすると、アトランダムな遺伝子の変化説は、間違いだということになる。

今西理論にもどろう。今西は、「種」とはどういうものであるのかを、どこまでも追及したのである。すべての個体の一匹一匹が、草や木の一本一本が独立して、バラバラに生存し進化するのではなく、それぞれの個体は自分の属する「種」というまとまりにおいて、その種の枠組みの中で、生存し、進化すると見たのである。種という枠組みが二分裂し（樹上にとどまるサルと、地上に降りたサルとが二分裂の事例だ）、それぞれが独立し、相互には交配ができなくなったときに、二種に進化したというのである。サピエンス種は、この十万年間は同一である（化石人類から見れば四、五百万年間は人間のままである）。身体の基本構造は変化・進化していない。アトランダムな進化ならば、四、五百万年もあれば、身体に進化の兆しでもよいから、進化が始まっていてもいいのではないかとも思われるが、身体は進化はしていない（今西は、人間は身体が進化するのではなく、「文化が進化する」のだという「進化説」を主張した）。

今西の結論は、個体が中心ではなく、あるいは基本単位ではなく、「種」を基本単位として、個体が位置づけられるという関係を主張したのである。この概念は集団的であるから、今西は特に「社会」という言葉を使って説明してもいいのではないかと考えた。

今西は、「人間の社会という言葉になぞらえて、人間以外の生物にも社会という言葉を使えば、生物の実体が理解しやすくなるだろう」というのである。これまで「社会」という言葉は、人間にだけ使われていた。そこで、種を「社会」と決定したいと思っていた今西は、人間の場合の社会という言葉を適用して見るのは、ごく自然の発想であろう（今西は、サルも人間も「種概念」を持っているのだから、人間に社会があれば、サルにも社会があってもよいと見ていたのであろう。これを一般化すれば、全生物の種は、種社会になるであろう）。

この今西の言い方には、養老は賛成しなかった。養老は、人間の社会に「なぞらえるな」というのである。養老のいう社会は「人間だけ」に存在しており、社会というものは、人間の「脳だけ」が作り出しているものとするのである。その意味で、特に「脳化社会」という言葉を作ったのである（すでに説明済み）。養老の批判がまだ出てこなかった時代の今西は、結局「種社会」という言葉で押し切っていたのである（この今西の「種社会」という「基本思考」は、第二次世界大戦中にほぼでき上っていたのである。だから、養老の批判などは何もなかった時代だったのだ。戦後には、それを詳細化していったのである）。結局、「①全生物の生きている、②自然の具体的な姿」は「種社会」である、という結論に到着したのである。

次に今西は、実体調査をして、種社会の具体的な、実際に生きている姿を突き止め、証明＝客観的な説明をしていくのである。すなわち、種社会というものは、種相互に独立をしており、「種」が重なり合うことはない＝混じりあうことはない＝子孫は作れないという点を、カゲロウの幼虫の観察によって、明らかにしたのである。

今西は、カゲロウの幼虫を詳細に観察して、同じ一本の河川で生存していても、下流域に生活する場合と、上流域に生活する場合とでは、①「生活の場所」が違うこと、②「身体の形態」が違うこと、③「生活様式」が違うこと、という三点をつきとめたのである。この点から、上流域に棲む幼虫は、①②③が同一なのである。下流域に棲む幼虫は、下流域での①②③が同一なのである。上流域の幼虫と、下流域の幼虫とでは、①②③がみな違うのである。つまり、重ならない、交わらないのである。これで、上流域の幼虫と下流域の幼虫とは、二つの「種」として、一本の河川を「棲み分けている」ということになるのである。これが、「種の棲み分け論」というものである。

たとえば、下流域の幼虫がたまたま上流域に住み着こうとしたら、その幼虫は「身体の形態」が上流域の流れの早い環境＝「生活の場所」では、水流に流されて生きてはいけなくなるのである（適応できていない姿）。上流域に定着した幼虫の身体形態は、「流線型」に変化していて、水流に流されないようにできているのである（適応。『生物社会の論理』には、身体形態の明確な身体図が表記されている）。

結論は、「棲み分け」た二種類のカゲロウの「種」は交わることはない、ということである。上流域の成虫と、下流域の成虫とが、交尾することはないのである。

棲み分けのしかたは、大雑把に見れば、いろいろとある。たとえば代表的なものは、昼と夜とで棲み分ける（昼行生物、夜行生物）。平野と山地とを棲み分ける。地中、水中、地上、空中とを棲み分ける、樹上と地面とで棲み分ける、気温差で棲み分ける（ライチョウとかナキウサギが典型事例の一つ）、食物の違いで棲み分ける（草食、肉食）等々たくさんある。こうして、地球上の全面に住み着きつつ、種ごとに「棲み分け」ているのである。

次に、異種の生物との関係を見よう。同じ環境領域（たとえば上流域）にカエルの幼虫（オタマジャクシ）がいたとしよう。カゲロウの幼虫もオタマジャクシも、渓流という流れの速い場所で、うっかり流されないという身体形態をしている（適応）。オタマジャクシならオタマジャクシの①②③は同じである。しかしながら、カゲロウの幼虫の「種」とオタマジャクシの「種」とはまったく違う「種」であるから、はじめから互いに「お構いなし」で、同じ場所で生きているのである。いわば同じ環境を共有しているといってもよいであろう。この共有は、「生活の場所」についてである。しかし、互いに「身体形態」

と「生活形態」が違うので、交わることはない。

そこでこのカゲロウの幼虫とオタマジャクシの二種類は、「同位、同格」の存在物と見て、「同位社会」だ、というのである（今西は共同体とは言わない）。全生物の全種社会は、自然利用の仕方、生き方としてはすべての種は「同等」＝「横一線」に並んでいるという位置づけになる（人間語らしく言えば、異種は相互に平等である）。たとえばアフリカではチーターとガゼルが同じ場所に住んでいてもよいのである（同位社会）。チーターはガゼルを好んで捕食するが、ガゼル種は食われても自分の種が消滅しないほどの「剰余」の個体数を維持しているのである。これは食物連鎖として、個体数は自然に調整されているのである（自然の人口論・ポピュレーション論。食われる数は計算済みである）。食物連鎖では食う・食われる関係であるが、チーターがガゼルと横一線に並んでいるという対等・平等の位置づけ＝同位社会としては何も変わりはないのである。だから、食う・食われるのに関係なく、「棲み分けつつ共存」もできるのである。その意味で、「同位社会」であることがわかるのである。

話を戻すと、単細胞生物にしても、人間にしてもそれぞれ種社会でまとまっているという点では対等・平等であり、同位の種社会なのである。多様な生物は、同位社会として同じ生活の場所に共存していてもよいのである。どの種も、同一場所を「有効に利用」しているということである。

今西は、場所の利用には、利用できる限りでは無駄をすることなく利用しているのだ、という。自然利用では最後には、菌類がきれいに利用してくれるのである。菌類は有機物を無機物に分解する。植物の根は有機物を吸収することができないので、菌類が分解してくれた無機物（無機チッソなど）を植物の根が栄養として吸収し、植物の身体では有機物を作るのである（たとえば菌類は有機チッソを無機チッソに変える。雷は、空中のチッソを固定化し、降雨により田畑の肥料になるので、農業なら雷雨はありがたい存在なのだ。最近のシイタケの原木栽培では、雷の代わりに、原木をハンマーでたたくなどして、ショックを与えるのだ）。この有機物・植物（第一次生産者）を、いろんな草食動物が食べる。また肉食動物も出てくる。人間は雑食動物だから植物も動物も食べる。みな有効利用をしている。しかし、食した有機物は腸では吸収できないので、もう一度無機物に分解してから吸収する（無機物にするのは、腸内細菌・大腸菌などの仕事）。そして糞をする。糞がまた利用される。

このように自然のこととして生物は無駄をしないことにより、有機物と無機物が大循環をしているのである。大循環に即して、全生物は体系をなしているのである。このようにみんなが自然を利用しているのだが、しかし、「ある種」は、「他の種」とは交わることなく、自分の「種」を貫いているということになるのである。すべての種社会は、この生態系循環の中にそれぞれの生活位置を持っているのである。もちろんサピエンスも、生態系循環の中に生活位置を持っているのである。

全生物がそういう「種」でできあがっているから、「種」は全生物の集団を貫く統一基準＝基本単位になるということである。登録された二百万種類はみな、独立した「種」としては対等・平等に自然を活用しているのである。この「種」を「社会と見立てる」ならば、全生物は「種社会」を作って、「種社会」を単位にしてまとまりつつ、棲み分けているということができるのである。ここに、人間も含めて全生物をひっくるめて、理論的には統一的な「生物社会学」が成立するというのである（詳しくは、今西の著書を読んでほしい。今西は、最後には、全生物の「体系化」を試みている)。

＊資本主義人間もベースとして種社会を作っている

繰り返すが、私的所有権者は資本主義の人間モデルだ、ということであった。資本を実際に動かすのは、私的所有権者の実質現実であるサピエンスだ、ということであった。このサピエンスも、種社会(特には「脳化的文化社会」)を作っていたのであった。種社会は、自然論の世界の理論であった。だから、資本主義は実質現実としての種社会をベースとして存在しているのだ、ということであった(「人類の図」参照を)。そこで、資本主義経済とか、法律とか、社会学その他の社会科学分野を目指す人は、種社会理論を知らずしては、議論ができないのだ、と言ってきたのである(戦争論も含めて)。知らないために、いろんな問題(相互に批判し合う、など)を引き起こしているのである。そういった点を、見ておこう。

最初に疑問を提出しておく。なぜ「サピエンス」という言葉と「人間」という言葉との二種類があるのか、について見ておきたい(どこの国でも二種類の言葉を持っていることであろう)。「私」という一個の「実体」について、これまでは、①サピエンスと、②人間という二種類の言葉・名前が付いていた点を、私は気にしていたのである。実体名ならば、一つでよいのではないのか。この二重の名前が付けられたいきさつには、特有の「わざわい」があったためだ、ということである。これは、自然論を知らない点から出てきた問題なのである。

その「わざわい」というのは、自然科学分野と社会科学分野とが相互に分裂し独立して、「二本立て思考」（2次元思考）をしてきた点だということである（大学受験では理系、文系の二種類に分けられているのが、その実例である）。つまり、「私」という一個の実体について、自然科学分野は「サピエンス」とし、社会科学分野は「人間」として、一個の実体を「分断」しているのである。私は、これがおかしいというのである。実体は「一つ」なのだから、名前も「一つ」でいいではないかというわけである。いいかえれば、学名としては、「サル目ホモ科ホモ属サピエンス種」であるのだから、サピエンス名に統一したほうがよいと、考えるのである。

私はここでは、サピエンス名に統一して、説明を続けていきたいと思うのである。古代ギリシャのアリストテレス以後は、科学といえば物理学・形而下学を意味し、哲学、論理学や心理学、経済学、法学、政治学、歴史学等々は形而上学として区別してきた。現在でもその延長で、2次元思考なのだ。これが、現在では「禍のもと」を作ったといえるであろう。欧米の進化論も、この禍の延長である。この禍には気がつかず、欧米様様《さまさま》思考しかできない日本の科学者たちは、この禍をすんなりと受け入れてきたのである（先進国のマネをしたので、先進国の欠点まで気がつかずに導入したのだ）。だから、今西や養老、守田等々は、無視されているのである。なぜ、欧米様様ではなく、今西様様に、養老様様にならないのか。ここのところを考えて見る必要がある。

これまでは、自然科学の対象が「サピエンス」であり、社会科学の対象が「人間」だったのである

（授業ではサピエンスを「理科ないし生物学」の科目で扱ってきた。社会科の授業では扱ってはこなかった。社会科でも扱うべきなのである）。学校教育では当然のように二種類の名前で説明されるので、理由がわからないままに、単に「そういうものだ」として「覚えてきた」だけなのである。二重名は「正しいのか」と真正面から疑問を持てば、二重名には「合理的な理由」は見つからないのである。

このような疑問が明確になったのは、「実体論」思考が出てきたこと、つまり「実体を情報化するのが科学思考だ」という点が出てきたからだ、ということになる。だから、「サピエンス」が実体なのか、「人間」が実体なのか、という疑問が出てくるのである。実体論を知らない人は、今でも、「二重名」には何一つ疑問などは思いつかないことであろう（気がつかないだろう。実体論は基本的には自然論なのだが）。

私は、今西の「種社会理論」は、人間も含めて全生物に普遍の概念であり、全生物の「実体を情報化した」ものだと理解しているのである。人間の実体はサピエンスの種社会であり、それをベースにして村・共同体も都市・資本主義も存在しているのである。サピエンスがある条件の下では村・共同体社会を形成し、同じサピエンスが他の条件の下では、都市・資本主義社会を形成しているだけなのだ、と理解しているのである。だから、実体論から見れば、「実質現実」として生きている「ナマ身の人間」は、サピエンスそのものだと認識することになる（このような目で、「人類の図」を見てほしい）。

サピエンスの種社会というまとまりの中で、サピエンスが具体的に生きる「手段」として、時と場合に従って村・共同体社会や都市・資本主義社会を作っているということになる。いいかえれば、村・

共同体社会も都市・資本主義社会も、「サピエンスの種社会」がベースなのであり、この種社会という大地に咲いた花にたとえてきたのである。

生物の「目的」は、「生き延びること」にあるといっておいた(死ぬことが目的なら、問題は生じないし、悩みもない)。この「生きる」を目的とした「人間」は、科学用語ないし専門用語としては、サピエンスの一語があれば十分だと考えているのである。だから「人間」用語は、漢字を使う日本では、サピエンスの「翻訳語」なんだと、特に約束・限定・自覚すればよいのである。そういう意味で、自然科学＝「サピエンス」、社会科学＝「人間」という区別・理解・表現は間違いだと言いたいのである。資本主義を荷う「ナマ身の人間」は、サピエンスそのものなのである、という理解が結論である。この結論は、基本となる思考法としては、自然科学と社会科学とを分ける前に、統一物であるという視点を確立しておかなければならないというのが、思考の「順序」というものである。だから、具体的な個別専門分野は、この統一理論を踏まえた上で＝前提としてはじめて存立できるのである。

私が「人間」という言葉を使うときには、特に、サピエンスの「日本語訳」なのだ、という意味である。このように「人間」＝「サピエンスの翻訳語」だと限定すれば(自覚すれば)、日本人なら自由に「人間」という漢字を使ってもよいということになる。

そこで一言、注意点を加えておこう。これからの個別社会科学の思考では、社会科学者ないし個別社会分野を目指す人は、まず「自然世界」での、サピエンスとは何か、サピエンスの「種社会」とは何かを学習し、理解しなさいよ、ということである。サピエンスの種社会が「実質現実」であり、資本主義社会は「仮想現実」なのである。資本主義に固有の人間像・モデルは「私的所有権者」であり、実質現実＝実体としての「人間・サピエンス」とは区別することである。つまり、私的所有権者概念は、仮想人間像なのであるから、資本主義が消滅したら私的所有権者像は消滅するが、サピエンス＝実質現実としての人間は残存するするのである。

そういうわけで、欧米の自然科学と社会科学との分断思考は排除するという理解に、一日でも早く到達しなさいよ、ということである。欧米思考に対し批判するべきは、当然に批判してもよいのである。欧米人でも間違いはたくさんあるのだから、である。

＊亜種社会＝国家の出現とその交流のしかた

ここで見る亜種社会は、世界八十億人が、あるいは諸国家が、あれこれの対立問題を引き起こしている「現場」なのだ、という場所のことである。いいかえれば、もろもろの対立問題は、この亜種社会で現象しているのである。

分類学で「亜種」というのは、一つの「種」の中で許容できる「変異形」である。サピエンス種の中の人々が世界に放散し、自然環境にうまく適応して、それぞれの集団が他の集団とは違った文化を形成してきたのである。同じ島国でも、イギリスと日本とでは違った文化を形成してきたのである。このイギリス国とか日本国という国家が、亜種社会なのである。世界の人間が交流するとすれば、亜種社会・異なった文化社会相互の交流となる。この場合の「違う」という点から、他文化人間相互にはスムースな交流ができないことがあるのである。ここに、２次元事象が生じるのである（相互に、他の文化の違いが大きくて、簡単には認め合わない場合だ）。

しかしながら、相互に異文化でも隣接地域の集団は、相互に交流していることは普通に見られるのである。たとえば、チベット族の一部とネパール族の一部とはあのヒマラヤ山脈で遮られているようではあるが、両者は半月に一度といった割合で青空市場を開き、物々交換といった経済的交流はやっているのである。なぜか？　それは、相互に他民族を「認め合い」、交流することを「許し合っている仲」なのである。「許し合う意思」の存在が必要だということである。

要点は、①「違うこと」は違いとしてとやかく言わないこと、②互いに利益になるという「利点」が「相互に自覚」されていることである。まとめると、相互に相手方の存在が必要だということである（必要でなければ、交流はしないでよいのだ）。この「まとめ」思考を３次元思考というのである。

亜種社会（現在なら、世界中の「国家」のこと）の交流の仕方は、基本点でいえば、「まとめ」の思考方式＝「種社会」でまとまっているのだという思考方式で行くしかないのである。八十億人は「種社会」でまとまっているのである。だからまずは、種社会を理解するしかないのである。

現在の世界の諸国家はほとんどが、資本主義方式を採用しているであろう。資本主義は、商品交換社会であった。交換場所を市場といってきた。商品交換それ自体は、国家とか地域といった条件とは、直接には関係がない。需要があれば、どこであろうとも供給が応じるのである。つまり、商品交換は、世界を市場として駆け回る性質があるのである。諸国家の違いなどは無視して、駆け回る性質がある。この性質に「待った」をかけるのは、「国家、政治家の欲望の思惑」しかないのである。ロシアとウクライナとが開戦をしたら、ロシアの思惑で敵国視する国家との交流に「待った」をかけて、交流しなくなった。アメリカ同盟諸国もまた、ロシアに対して「待った」をかけた。国家が、共通の市場を拒否したのだ。

市場要求は、２次元思考をする国家＝「悪しき亜種国家」＝待ったをかける国家の存在を最も「障害物」だと見るのである。この場合の２次元的国家は、自国第一主義・ファースト思考をしているのである。いいかえれば、市場交流をしても自国の利益が保証されず、他国が利益を持ち去るのではないのか、自国が損をするのではないのかと心配がさきに立っているのであろう。さらには、自国自体が他国に食われてしまうのではないのかと心配をするのである。つまり、相手国を疑っているのである。相手国を信用していない＝相手国を「認める仲」にはなっていないのである。さきに「まとめた」①と②の要件が整ってはいないのである。３次元思考をしていないのである。

資本主義を採用しながら、現在では、あちらこちらで同盟諸国を結成し、同盟諸国相互には対立しているのが現状である。かたくなに２次元思考にとどまっているのである。市場思考と国家思考とが、対立・矛盾しているのである。このような状況を「超える思考」をしないかぎり、対立する現状は打破できないのである。同盟思考ではなく、「ＥＵ（欧州連合）」のように、「連合」でなければならないのである。現状を乗り越えるのには、越える思考法を実行する以外には方法はないのである。乗り越えのための思考法として、私は3次元思考法（「連合」思考は3次元思考だ）を提起しているのである。

資本主義の範囲以内で思考をする場合でも、あらためて商品交換の原理を想起すればよいのである。すなわちそれは、「ギブ・アンド・テイクの論理」だということである。要点は、「与えてから受け取る」論理なのである。決して「テイク・アンド・ギブの論理」ではないのである。最後のよりどころ＝人類レベルでいえば、「人類のセオリー・平等論」により交流することになるのであるが。

ここで総まとめをすれば、亜種社会人間は、①人類の「セオリー」と、②私的所有権者の「セオリー」とを忠実に実行せよ、ということになる。

おわりに

この本は、「問題を引き起こす葦」から始まって、「問題を解決する葦」で終わることができた。問題を解決する思考は、論理学＝思考の法則＝万人共通の約束事項であった。残る問題は、この約束をどのようにして、世界八十億人の身に付けさせるか、ということでる。それには、世界の小学一年生から教育を通して指導するしかない。日本だけが実施してもダメなのである。そこで、ユネスコの出番となる。ユネスコが世界統一的なテキストを作成して、世界中で「一二の三」で開始すればいちばんよい。もしも世界中の小学生が身に付けたならば、五十年後彼らが大人になったときには、「問題を引き起こす葦」はほぼいなくなることであろう。

3次元思考が世界の常識となれば、世の中は「日々目まぐるしく変化するとか、次々と生じる新規の事件などは何ごとも起こらず、日々平穏に暮らすことができる」であろう。これが、「いちばんよい」のである。

最後になって恐縮であるが、松田健二社長からは快く出版を引き受けていただいたことに、御礼を申し上げたい。また、板垣誠一郎氏には、企画から校正に至るまで、きめ細かくご配慮をいただいたことに、御礼を申し上げたい。板垣氏は、最近では読書らしい読書の習慣がなくなってきた点を憂慮しており、どのように出版すれば、多くの人が注視してくれるかに、大変に心を砕いておられる。どうか文部科学省には適切な教育政策を急ぎ実行してほしいと、要求してやまない思いである。

著　者

著者紹介

荒木弘文（あらき ひろふみ）

1939年生まれ。1963年、新潟大学人文学部社会科学科卒業。1971年、中央大学大学院博士課程法学研究科満期退学。

1995年より、中国山東理工大学教授、中国吉林大学北東アジア研究院客員研究員、中国武漢大学国家招聘教授などを歴任。帰国後は、総合思考アドバイザーとして活動している。

著書に、『中国三千年の裏技』（社会評論社）『総合科学論入門—自然と人工の統一』（講談社）『人材革命　AI時代の資本の原理と人間の原理と』（社会評論社）『万人が使える科学の新定義　世界観転換のすすめ』（社会評論社）などがある。

科学思考　百人百様を一様にまとめるマジック

2023年3月31日初版第1刷発行

著／荒木弘文
発行者／松田健二
発行所／株式会社　社会評論社
〒113-0033　東京都文京区本郷2-3-10　お茶の水ビル
電話　03（3814）3861　FAX　03（3818）2808
印刷製本／株式会社ミツワ
感想・ご意見お寄せ下さい　book@shahyo.com